Johann Friedrich Hartknoch

Kants Theorie der reinmoralischen Religion mit Rücksicht auf das reine Christentum kurz dargestellt

Johann Friedrich Hartknoch

Kants Theorie der reinmoralischen Religion mit Rücksicht auf das reine Christentum kurz dargestellt

ISBN/EAN: 9783743345164

Hergestellt in Europa, USA, Kanada, Australien, Japan

Cover: Foto ©Lupo / pixelio.de

Manufactured and distributed by brebook publishing software (www.brebook.com)

Johann Friedrich Hartknoch

Kants Theorie der reinmoralischen Religion mit Rücksicht auf das reine Christentum kurz dargestellt

KANT'S THEORIE

DER

REINMORALISCHEN RELIGION

MIT RÜCKSICHT

AUF DAS

REINE CHRISTENTHUM

KURZ DARGESTELLT.

RIGA, 1796.
BEY IOHANN FRIEDRICH HARTKNOCH.

SELIG SIND, DIE REINES HERZENS SIND;
DENN SIE WERDEN GOTT SCHAUEN.

MATTH. 5. K. 8. V.

I.
DER MENSCH IST VON NATUR BÖSE; ES IST EIN BÖSES PRINCIP IN IHM.

§. 1.

Daſs die Welt im Argen liege: iſt eine uralte Klage. Alle laſſen gleichwohl die Welt vom *Guten anfangen,* — daſſelbe *bald* wieder *verſchwinden,* — und den accelerirten *Verfall ins Böſe* zum Vorſchein kommen.

§. 2.

In neuern Zeiten haben, beſonders *Philoſophen* und *Paedagogen,* gutmüthig behauptet, daſs die Welt unaufhörlich, vom *Schlechtern* zum *Beſſern*

Beſſern fortrücke, wozu ſelbſt in der menſchlichen Natur die *Anlage* anzutreffen ſey.

§. 3.

Indeſſen fällt es jedermann leicht bey, zu fragen: ob man nicht ſagen könne, der Menſch ſey von Natur *weder* gut, *noch* böſe? — oder der Menſch ſey *beides zugleich*, nämlich in einigen Stücken gut, in andern böſe.

§. 4.

Betrachten wir den *Menſchen* bloſs als ein durch ſeine Handlungen erſcheinendes *Sinnenweſen*: ſo beſtätigt die *Erfahrung* dieſes Mittlere (§. 3.) zwiſchen beiden Extremen. Allein auf der Wage der reinen Vernunft fällt dieſes Urtheil anders aus.

§. 5.

§. 5.

Und dieses Urtheil ist auf der, für die Moral wichtigen Bemerkung gegründet: daſs die *freye Willkühr durch keine Triebfeder zum Handeln bestimmt werden könne, als nur in so ferne der Mensch sie in seine Maxime aufnimmt*, d. i. sich sie zur allgemeinen Regel macht, nach der er sich verhalten will.

§. 6.

Das Sittengesetz ist nun *für sich selbst hinreichende Triebfeder;* und wer es zu seiner Maxime macht, ist *moralisch gut:* wer nicht darnach handelt, der macht es nicht zu seiner Maxime; — er macht also eine andere — von dem Sittengesetz abweichende Triebfeder zu feiner Maxime — er ist *moralisch böse*. Also ist die *Gesinnung* des Menschen, in Ansehung des Sittengesetzes *niemals indifferent*, niemals keins von beiden, weder gut, noch böse.

§. 7.

Er kann aber auch *nicht in einigen Stücken* sittlich gut, in andern zugleich böse seyn. Denn ist er in **einem** *gut*, so ist das *Sittengesetz* seine *Maxime;* sollte er also *in dem andern* zugleich *böse* seyn, so würde in diesem Stücke das Sittengesetz *nicht* seine *Maxime* seyn. Weil nun aber jenes *einzig*, und *allgemein* ist, in einem Stücke gebiethet, wie in allen; so würde die auf dasselbe bezogene Maxime

Maxime *allgemein*, zugleich aber nur eine *befondere* Maxime feyn, welches fich *widerfpricht*.

§. 8.

Die eine oder die andere Gefinnung als *angebohrne* Befchaffenheit von *Natur* haben, bedeutet hier aber nicht, dafs fie von dem Menfchen, der fie hegt, gar *nicht erworben*, d. i. er nicht Urheber fey; fondern, dafs fie nur nicht *in der Zeit* erworben fey, dafs das Gute oder Böfe in ihm, *vor* allem *in der Erfahrung* gegebenen Gebrauche der Freyheit zum Grunde gelegt, und fo, als mit der Geburt zugleich im Menfchen vorhanden *vorgeftellt* werde, nicht dafs die Geburt eben die Urfache davon fey.

§. 9.

Welches von beyden kann man nun vom Menschen behaupten? — ist er von Natur gut, oder böse? — Lasset uns die *ursprünglichen Anlagen in der menschlichen Natur* betrachten, welche sich zunächst auf den *Willen* beziehen.

§. 10.

Die *ursprünglichen Anlagen* in der menschlichen Natur, welche sich zunächst auf den Willen beziehen, können wir in *drey Klassen* bringen: 1) in die für seine *Thierheit*, als eines *lebenden*; 2) für seine *Menschheit*, als eines *zugleich vernünftigen*; 3) und in die für seine *Persönlichkeit*, als eines *zugleich der Zurechnung fähigen* Wesens.

§. 11.

§. 11.

Die *Anlage für die Thierheit im Menschen* hann man unter den Titel der *physischen* — vernunftlosen, instinktartigen — *Selbstliebe* bringen. Sie begreift den *Trieb zur Erhaltung seiner selbst,* zur *Fortpflanzung seiner Art,* und zur *Gemeinschaft mit andern Menschen.*

§. 12.

Auf diese Anlage können allerley Laster, und allerley Tugenden gepfropft werden, die aber *nicht* aus jener Anlage, *als ihrer Wurzel,* von selbst entsprießen. Jene können *Laster der Rohheit* heißen, und werden in ihrer höchsten Abweichung vom Naturzwecke, *viehische Laster* genannt — z. B. Völlerey

lerey, Wolluſt, wilde Geſetzloſſigkeit.

§. 13.

2) *Die Anlage für die Menſchheit im Menſchen,* für die *Humanität,* kann man unter den Titel der *vergleichenden* — vernünftigen, räſonnirten — *Selbſtliebe* bringen, zu welcher theoretiſche Vernunft erfordert wird. Die *urſprüngliche* Richtung dieſer Anlage beſteht in dem *Beſtreben nach Gleichheit.* In ihr iſt das *Miſsfallen* an dem *ſchlimmern Zuſtande Anderer* in Vergleichung mit unſerm eigenen, nicht weniger, als das *Miſsfallen an unſerm eigenen ſchlimmern Zuſtande* in Vergleichung mit dem Fremden gegründet.

§. 14.

§. 14

Auf diese Anlage können allerley Tugenden und Laster gepfropft werden, die *Laster der Kultur* heissen, und werden im höchsten Grade ihrer Bösartigkeit, in welchem sie die Anlage zur Humanität gänzlich verläugnen, z. B. im Neide, in der Schadenfreude, in der Undankbarkeit, u. s. w. *teuflische Laster* genannt.

§. 15.

3) *Die Anlage für die Persönlichkeit* im Menschen besteht in der *Empfänglichkeit* für *diejenige* Achtung gegen das moralische Gesetz, welche zum *Bestimmungsgrunde* des freyen Entschlusses hinreicht. Diese Achtung kann freylich nur durch *Freyheit*

Freyheit zum Beſtimmungsgrunde eines wirklichen Entſchluſſes gemacht werden; aber die *Möglichkeit* zum Beſtimmungsgrunde zu machen, ſetzt eine *Anlage* in der menſchlichen Natur voraus, *auf welche ſchlechterdings nichts Böſes* gepfropft werden kann; und dieſes in der Perſon beſtimmt vorhandene, von der praktiſchen Vernunft unzertrennliche Vermögen iſt die *unmittelbare Anlage fürs Moraliſchgute* im Menſchen.

§. 16.

Alle dieſe drey Anlagen ſind *urſprünglich*, weil ſie zur *Möglichkeit* der Natur des Menſchen gehören; ſie ſind nicht allein in ſo ferne gut, als ſie dem moraliſchen Geſetze

Gesetze nicht widerstreiten, sondern sie sind auch Anlagen zum Guten, d. i. sie befördern die Befolgung desselben. Der Mensch kann die *ersten beyden* zwar *zweckwidrig* brauchen; aber *keine* derselben *vertilgen*.

§. 17.

Zum Bösen — worunter nicht etwa Vernunftwidrigkeit einer Neigung, sondern nur die *Vernunftwidrigkeit* des *freyen Entschlusses* verstanden wird, — läst sich durchaus *keine ursprüngliche Anlage* in der menschlichen Natur denken. Der im Menschen gleichwohl vorhandene *Grund der Möglichkeit* des Bösen muss als etwas von der *Freyheit* des Menschen erst *ange-*
nomme-

nommenes, und sich selbst zugezogenes angesehen, und zum Behuf der moralischen Beurtheilung wirklich gedacht werden.

§. 18.

Dieser angenommene, und sich selbst zugezogene Grund der Möglichkeit des Bösen besteht in einer *Aeusserung* der Freyheit, die schon *böse* ist, und den *Grund* von lauter *bösen Aeusserungen* der Freyheit *enthält*. Es ist *Hang zum Bösen;* etwas das *keineswegs zur Möglichkeit* des Menschen gehört; dem Menschen *nicht ursprünglich* gegeben ist; gleichwohl aber, in wie ferne es von allen Menschen sich zugezogen wird, zur *Wirklichkeit* des Menschen überhaupt gehört, und

und in so ferne als *natürlich*, und der Mensch um desselben willen, als *von Natur böse* betrachtet werden muſs.

§. 19.

Da nun der *innere Charakter* des Sittlichguten, und des Sittlichbösen in den *Maximen* liegt, das heiſst, in den Vorschriften, oder Verhaltungsregeln, welche die Person, durch bloſse Freyheit sich selbst giebt, und durch welche sie *entweder* das Gesetz des Willens, *oder* Lust und Unlust *gegen* das Gesetz, als *Bestimmungsgrund des Entschluſses* annimmt; so muſs der angenommene, und sich selbst zugezogene Grund der Möglichkeit des Bösen, oder der *Hang zum Bösen* selbst in einer *bösen Maxime* bestehen,

hen, die sich als der Grund der übrigen böfen Maximen verhält, als eine *allgemeine* böfe Maxime, unter welcher die befondern böfen Maximen enthalten sind.

§. 20.

Diefe allgemeine Maxime, durch deren Annehmung der Hang zum Böfen zugezogen wird, befteht in einem *freyen* und *allgemeinen Entfchlufs, gelegenheitlich vom Sittengefetz abzuweichen;* und durch fie geht der Hang zum Böfen jeder andern, ein befonderes Objekt des Willens betreffenden That, als diejenige böfe That vorher, durch welche der Menfch feinen ganzen Willen verderbt hat, und felbft böfe geworden ift, und die als *peccatum originarium* fich sich zu jeder andern als dem *peccatum derivativum* verhält. Als die *Wurzel* alles andern Bösen im Menschen heisst der in der allgemeinen bösen Maxime bestehende Hang zum Bösen, *das radikale Böse.*

§. 21.

Man kann sich *drey* verschiedene *Stuffen* des Hanges zum Bösen denken: 1) die *Gebrechlichkeit*, fragilitas; 2) die *Unlauterkeit;* und 3) die *Bösartigkeit.* Die erstere ist die *Schwäche* des menschlichen Herzens, in Befolgung guter Maximen überhaupt. Die zweyte ist der *Hang zur Vermischung* böser Maximen, mit den guten. Die dritte ist der *Hang zur Annehmung böser Maximen*, der auch, als der Hang, die moralischen Triebfedern den nichtmoralischen nachzusetzen, *Verderbtheit*; und als der Hang, die moralische Ordnung der Triebfedern des Willens umzukehren, *Verkehrtheit* des menschlichen Herzens heifsen kann.

§. 22.

Der *gemeinschaftliche Grund* aller dieser Aeufserungen der Unsittlichkeit kann nun 1) *nicht*, wie man ihn gemeiniglich anzugeben pflegt, in der *Sinnlichkeit* des Menschen, und den daraus entspringenden natürlichen Neigungen gesetzt werden. Denn sie haben keine *gerade* Beziehung aufs Böse, ja sie geben sogar Gelegenheit zur Tugend, zum Beweise der moralischen Gesinnung finnung in ihrer Kraft. Auch dürfen wir ihre Aeußerung nicht verantworten, weil sie, als *anerschaffen*, uns nicht zu Urhebern haben. Alle Handlungen, die *allein* in der *Sinnlichkeit* ihren *zureichenden* Grund haben, sind daher *nicht sittlich*, sie mögen der Vernunft gemäß, oder zuwider seyn. Um den Grund des moralischen Bösen im Menschen abzugeben, *enthält* folglich die *Sinnlichkeit*, wie immer auch dieselbe durch Organisation, Temperament, Clima u. s. f. modificirt seyn mag, *zu wenig*.

§. 23.

Der Grund dieses Bösen kann auch 2) *nicht* in einer *Verderbniß der moralischen* gesetzgebenden *Vernunft*

nunft gesetzt werden. Denn es ist schlechterdings *unmöglich*, daſs sie das Ansehen des Sittengesetzes in sich vertilgen, und die Verbindlichkeit, die aus demselben flieſst, abläugnen kann. Sich als ein *frey* handelndes Wesen, und doch von dem, einem *solchen* angemessenen Gesetze entbunden denken, wäre soviel, als eine, ohne alle Gesetze wirkende Ursache denken, welches sich widerspricht. Um den Grund des moralisch Bösen im Menschen abzugeben, *enthält* folglich eine, vom moralischen Gesetze freysprechende, gleichsam *boshafte* — verderbte, ausgeartete — *Vernunft*, und ein schlechthin böser Wille *zuviel;* es würde dadurch der Widerstreit des Gesetzes selber zur Triebfeder erhoben,

hoben, und so das Subjekt zu einem *teuflischen Wesen* gemacht.

§. 24.

Das *sittlich Böse läſst* sich daher *weder* aus der Sinnlichkeit, *noch* aus der Vernunft *herleiten;* es läſst sich aber *aus der Freyheit,* und dem *Gesetz des Willens,* das nur a priori erkennbar ist, durch folgendes Räsonnement auch a priori *entwickeln,* und fest setzen.

§. 25 und 26.

Der *guten moralischen Anlage* nach, *dringt* sich dem Menschen das *moralische Geſetz unwiderſtehlich auf;* und *wenn keine andere Triebfeder dagegen wirkte,* würde er es auch, als hinreichenden Beſtimmungsmungsgrund der Willkühr, in seine *oberste Maxime* aufnehmen, und darnach handeln. Der gleichfalls schuldlosen *Naturanlage der Sinnlichkeit* nach, sind dem Menschen die *Lust und Unlust* nicht weniger *unvermeidlich;* und *ohne andere Gegentriebfedern,* würde er dem subjektiven *Princip der Selbstliebe,* den natürlichen Neigungen folgen. Wenn also jede dieser beyden, wesentlich verschiedenen Triebfedern *für sich allein* vorhanden wäre, so würde der Mensch jede derselben, als für sich hinreichend annehmen, in dem erstern Falle durchaus gut, im zweyten §. 26. durchaus böse seyn. Da aber bey dem Menschen, natürlicherweise *beyde Triebfedern* sich *vereinigen,* und er beyde de in seine Maximen aufnimmt; so würde er, wenn das Sittlichgute, und Böse *lediglich* von der *Verschiedenheit* der beyden Triebfedern abhienge, *zugleich gut*, und *böse* seyn, welches sich in der reinen Beurtheilung, in Rücksicht auf *Moralität,* und *Immoralität,* nicht ohne Widerspruch denken läfst.

§. 27.

Die *moralische Beschaffenheit des Willens* hängt also *nicht* von dem *Unterschiede* der Triebfedern, die der Mensch in seine Maxime aufgenommen, sondern von der *Unterordnung* ab, welche seine *Freyheit* mit diesen Triebfedern *vorgenommen* hat, in dem sie, da beyde neben einander nicht bestehen können,

nen, die eine zur *Bedingung* der andern, die eine zum Mittel der andern macht.

§. 28.

Der Mensch ist also nur dadurch böse, dafs er die *sittliche Ordnung* der Triebfedern, in Aufnehmung derselben in seine Maximen, *umkehrt*; dafs er die *Triebfedern der Selbstliebe*, und ihrer Neigungen, zur *bedingten Befolgung* des *moralischen Gesetzes* macht, da das letztere vielmehr als die oberste Bedingung der Befriedigung der ersteren in die allgemeine Maxime der Willkühr als alleinige Triebfeder aufgenommen werden sollte.

§. 29.

§. 29.

Diese *Unterordnung* des moralischen Gesetzes, unter das Princip der Selbstliebe, ist also die *Ursünde* des Menschen, von der alle andere böse Handlungen, nur Folgen, abgeleitete sind; und der Mensch ist in so ferne *radikal böse*, in wie ferne er *durch seine Freyheit* Lust und Unlust, als Bedingung der Erfüllung des Gesetzes, die Vernunftmäsigkeit aber nicht anders, als in wie ferne sie die Mittel der Befriedigung des Gelüsten ist, in seine allgemeine Maxime aufgenommen hat.

§. 30.

Diese Bösartigkeit ist nicht so wohl *Bosheit* im eigentlichen Sinne dieses Wortes; weil durch sie keineswegs

neswegs das Böse, *als* Böse zur Triebfeder gemacht wird; als vielmehr *Verkehrtheit*, perversitas — eine Beschaffenheit, die aus der *Gebrechlichkeit* und *Unlauterkeit* des menschlichen Herzens entspringt, und sich besonders durch die Gesinnung äussert, bey der sich der Mensch *blosse Legalität* für *Moralität*, *Immoralität* aber für *blosse Illegalität* anzurechnen, die Abwesenheit des Lasters für Tugend, und die Anwesenheit desselben für schuldlose Verirrung bey sich selbst geltend zu machen strebt. Diese Unredlichkeit, sich selbst *blauen Dunst* vorzumachen, erweitert sich denn auch *äusserlich* zur *Falschheit* und *Täuschung* anderer, welche, wenn sie nicht Bosheit genannt werden

werden soll, doch wenigstens *Nichtswürdigkeit* zu heißen verdient.

§. 31.

Das *Daseyn* des von der Freyheit angenommenen Hanges zur Umkehrung der sittlichen Triebfeder kann sich nur durch das unparteyische Urtheil des über sich selbst richtenden *Gewissens* ergeben. Dieses Urtheil wird aber auch durch eine Menge schreyender *Beyspiele* bestätigt, welche uns die *Erfahrung* an den *Thaten der Menschen* vor Augen stellt.

§. 32.

Diese Beyspiele liefert das Betragen der Menschen theils in dem sogenannten *Naturstande*, wohin die Mord-

Mordſcenen auf *Tofoa, Neuſeeland*, den *Navigatorsinſeln*, den weiten *Wüſten des nordweſtlichen Amerika*, und dergleichen zu rechnen ſind; theils im *Zuſtande der Kultur*, in welchem man eine lange, melancholiſche Litaney von Anklagen der Menſchheit anſtimmen hört, z. B. über geheime Falſchheit bey der innigſten Freundſchaft, über Haſs gegen die Wohlthäter, Schadenfreude, und über das ganze Gefolge der teufliſchen Laſter.

§. 33.

Eine ſehr auffallende *Beſtätigung* vom Daſeyn dieſes Böſen läſst ſich in dem *Zuſtande* der *religiöſen* und *politiſchen* Einrichtungen finden, ſo ferne die erſtern nach

nach den *Principien* der *Ethik*, die letztern nach den *Principien des Naturrechts*, beurtheilt werden *können* und *sollen*. Civilisirte Völkerschaften stehen in *beständiger Kriegsverfassung* gegeneinander, und scheinen auch, sich fest in den Kopf gesetzt zu haben, nie aus derselben herauszugehen. Ihre *Grundsätze* widersprechen ihrem *öffentlichen Vorgeben* geradezu, und kein Philosoph ist noch bis jetzt im Stande gewesen, sie mit der *Moral* in Einstimmung, oder auch nur bessere, die sich mit der menschlichen Natur vereinigen liefsen, in Vorschlag zu bringen, so, dafs der *philosophische Chiliasm*, der auf den Zustand eines ewigen, auf einen Völkerbund als Weltrepublik gegrün-

gegründeten Friedens hoft, eben so, wie der *theologische*, der auf des ganzen Menschengeschlechts vollendete moralische Besserung harret, als *Schwärmerey* allgemein verlacht wird.

§. 34.

Der *Ursprung* des Sittlichbösen, der sich nur durch das radikale Böse denken läfst, kann entweder als *Vernunft*, oder als *Zeitursprung* erwogen werden. In der ersten Bedeutung wird blofs das *Daseyn der Wirkung*; in der zweyten, das *Geschehen* derselben betrachtet, wodurch sie als *Begebenheit* auf ihre Ursache *in der Zeit* bezogen wird.

§. 35.

§. 35.

Wird der Ursprung des Sittlichbösen als *Vernunftursprung* erwogen, so läst sich das Sittlichböse, *nur* als *That der Freyheit*, durch blosse *Vernunft vorstellen*, keineswegs aber durch den, an die Sinnlichkeit, und die Zeit, als Form derselben gebundenen *Verstand erkennen*. Es kann ihm daher *in dieser Rücksicht* auch keineswegs das Prädikat der Entstehung, oder des Ursprungs in der Zeit zukommen, das nur von dem äusserlichen der sittlichbösen Handlung, oder von dem Ursprung des Sittlichbösen, als Begebenheit in der Sinnenwelt gelten kann. Da über dieses die Freyheit *absolute Ursache* ist, so kann ihre That, von keiner *von ihr*

ihr selbst verschiedenen Ursache, durch welche sie blofs *relativ* seyn würde, abgeleitet werden.

§. 36.

Das *radikale Böse* in der menschlichen Natur, hat also, als *That der Freyheit, keinen Zeitursprung,* und läfst sich von keiner von der Freyheit verschiedenen nicht bösen Ursache ableiten; ist daher in dieser Rücksicht gänzlich *unbegreiflich.*

§. 37.

Hiermit stimmt nun die Vorstellungsart, deren sich die *Schrift* bedient, den *Ursprung des Bösen* als Anfang desselben in der Menschengattung zu schildern, ganz wohl zusammen; indem sie ihn in einer

Geschichte

Geschichte vorstellig macht, wo, was *der Sache nach*, als das *Erste* gedacht werden muſs, als ein *solches* der *Zeit nach* erscheint.

§. 38.

Dieser Vorstellungsart zufolge entspringt das Böse in der Menschheit, oder im *Repräsentanten* derselben, dem ersten Menschen, *nicht* durch einen der Menschheit *ursprünglichen*, zum Grunde liegenden *Hange zum Bösen*, sondern durch einen *Sündenfall*, folglich aus nichts anderm, als einer bereits bösen *Handlung der Freyheit*, die, in wie ferne sie als die *erste* gedacht wird, der *Uebergang* aus dem *Stand der Unschuld* in den *Stand der Schuld* ist.

§. 39.

§. 39.

Es gieng also nach dieser Vorstellungsart, das *moralische Gesetz*, wie es auch beym Menschen, als einem nicht reinen, sondern von Neigungen versuchten Wesen seyn muſs, als *Verbot* voraus. Anstatt nun diesem Gesetze, als hinreichender Triebfeder gerade zu folgen; sah sich der Mensch doch noch nach *andern Triebfedern* um, die nur bedingter Weise gut seyn können, und machte es sich zur Maxime, dem Gesetze der Pflicht, *nicht aus Pflicht*, sondern auch allenfalls aus Rücksicht auf andere Absichten zu folgen. Mithin fieng er damit an, die *Strenge des Gebots*, welches den Einfluſs jeder andern Triebfeder ausschlieſst, *zu bezwei-*

bezweifeln, hernach den *Gehorsam* gegen daſselbe zu einem bloſs bedingten eines *Mittels* herabzuvernünfteln, woraus dann endlich das Uebergewicht der ſinnlichen Antriebe, über die Triebfeder aus dem Geſetz, in die Maxime zu handeln, aufgenommen, und ſo *geſündigt* ward.

§. 40.

Und ſo machen wir es täglich, haben alſo in *Adam alle geſündigt,* und ſündigen noch, nur daſs die böſe That der Freyheit des erſten Menſchen, nachdem durch ſie der Hang zum Böſen einmal in die Welt gekommen, und durch denſelben das Böſe gleich mit dem erſten Gebrauch der Freyheit vorhanden

handen ift, als angebohrne Schuld vorgeftellt, und bey uns ein fchon angebohrner Hang zum Böfen, der Zeit nach, vorausgefetzt wird.

§. 41.

Die *Unbegreiflichkeit* des Vernunfturfprungs, fammt der nähern Beftimmung der Bösartigkeit unferer Gattung, drückt die *Schrift* in der Gefchichtserzählung, dadurch aus, daſs fie das Böfe, in einem *Geiſte* von urfprünglich erhabener Beftimmung, voranfchickt, der Menfch aber nur, als durch *Verführung* in daſſelbe gefallen, alfo nicht von Grund aus verderbt, fondern als noch einer *Beſſerung fähig*, vorgeftellt wird.

§. 42.

§. 42.

Wie es *möglich* sey, daſs ein in dem bisher entwickelten Sinne von Natur böser Mensch zu einem guten werden könne, ist *unbegreiflich;* denn wie kann das Böse, Gutes hervorbringen? — da es aber auch nicht begreiflicher ist, woher das moralische Böse in uns zuerst gekommen seyn könne, in dem doch die *ursprüngliche* Anlage, eine *Anlage zum Guten* ist, so kann man die *Möglichkeit* des *Wiederaufstehens* aus dem Bösen zum Guten, um so *weniger bestreiten,* als das *Sittengesetz* uns schlechterdings gebeut, uns selbst zu guten Menschen zu machen, und eben darum nöthiget, die *Möglichkeit vorauszusetzen.*

§. 43.

§. 43.

Die *Wiederherstellung* der ursprünglichen Anlage zum Guten *in ihre Kraft*, läfst sich nicht als Erwerbung einer verlohrnen Triebfeder zum Guten denken; denn diese haben wir nie verlieren können, und wäre das letztere möglich, so würden wir sie auch nie wieder erwerben. Sie ist also nur die *Herstellung der Reinigkeit* derselben, nach welcher das Sittengesetz nicht blofs mit andern Triebfedern verbunden, oder wohl gar diesen, als Bedingungen untergeordnet, sondern in seiner ganzen Reinigkeit, als *für sich* zureichende Triebfeder in die allgemeine Maxime aufgenommen wird.

§. 44.

§. 44.

Diese Wiederherstellung ist in dem von Natur bösen Menschen, der die Unterordnung des Gesetzes in seine allgemeine Maxime aufgenommen hat, nur als *Umkehrung* der verkehrten Denkart, als *Revolution* in der Gesinnung, als Veränderung des Charakters, als eine *Art von Wiedergeburt* gleich als eine *Schöpfung eines neuen Menschen* denkbar. Diese *Revolution in der Denkart* kehrt den obersten Grund der Maxime, wodurch der Mensch böse war, durch eine einzige unwandelbare Entschließung um, und enthält den Grund der *allmähligen Reform* für die empirische Sinnesart, die der Heiligkeit unaufhörliche Hindernisse in den Weg legt.

Der

Der Menſch nämlich wird durch Annehmung des Princips der *Heiligkeit*, oder der allgemeinen Maxime aller guten Maximen, ein *neuer Menſch*, wird aber nur im unaufhörlichen Wirken und Werden ein *guter Menſch*, und kann hoffen, daſs er bey einer ſolchen Reinigkeit des Princips, welches er ſich zur oberſten Maxime der Willkühr genommen hat, und der Feſtigkeit deſſelben auf dem guten, wiewohl ſchmalen Wege eines beſtändigen Fortſchreitens vom Schlechtern zum Beſsern ſich befinde.

§. 45.

Vor dem *Herzenskündiger*, der die oberſte Maxime der Geſinnung, und die Unendlichkeit des annähernden

hernden Fortschreitens zur Befolgung derselben in einem wirklich heiligen Wandel, als ein Ganzes durchschaut, wird der Mensch, durch jene Aenderung seines Herzens zu einem *wirklich guten*, ihm *wohlgefälligen* Menschen. Für die Beurtheilung der *Menschen* aber, welche die Reinigkeit und Stärke ihrer Maximen nur durch die Oberhand, welche über die Sinnlichkeit wirklich erhalten ist, schätzen können, ist sie nur als ein immer fortdauerndes Streben zum Bessern, als eine allmählige *fortwährende Reform* des Hanges zum Bösen anzusehen.

§. 46.

Diese *Umwandlung der Gesinnung,* und die aus ihr erfolgende

Verbeſſerung der Sitten kann nicht ohne Widerſpruch, als ein *bloſses* Geſchenk der Gottheit, ſondern nur als die Wirkung unſerer *Freyheit* gedacht werden; denn ſonſt könnte ſie uns nicht zugerechnet werden, folglich wir weder moraliſch gut, noch böſe ſeyn. Und wenn auch zum Gut-oder Beſserwerden noch eine *übernatürliche* Mitwirkung nöthig ſeyn ſoll; ſo mag dieſe nur in der *Verminderung der Hinderniſse* beſtehen, *oder* auch *poſitiver* Beyſtand ſeyn: ſo muſs der Menſch doch ſich vorher *würdig machen*, ſie zu empfangen, und dieſe Beyhülfe annehmen, d. i. *die poſitive Kräftvermehrung in ſeine Maxime aufnehmen*, wodurch es allein möglich wird, daſs ihm das Gute

Gute zugerechnet, und er für einen guten Menschen erkannt werde.

§. 47.

Wider diese Zumuthung der Selbstbesserung bietet nun die zur moralischen Bearbeitung von Natur verdrossene Vernunft, unter dem Vorwande des *natürlichen* Unvermögens, allerley *unlautere* Religionsideen auf. Nach diesen schmeichelt sich *entweder* der Mensch: Gott könne ihn durch seine freye Machtvollkommenheit auch wohl glücklich machen, ohne daß er nöthig hätte, ein besserer Mensch zu werden. *Oder* Gott könne ihn unmittelbar zu einem bessern Menschen machen, ohne daß

daß er dabey etwas anders zu thun hätte, als darum zu *bitten*. Als wenn vor einem *allsehenden Wesen*, bitten, etwas anders als *wünschen* wäre! und wäre es mit dem bloßen Wunsch schon ausgerichtet, als wenn nicht jeder Mensch gut seyn würde! —

§. 48.

Nach der ächt *moralischen Religion* — dergleichen unter allen öffentlichen, die es gegeben hat, *allein* die christliche ist — ist es aber ein Grundsatz: daß der Mensch soviel in seinen Kräften liegt, thun müse, um ein beßerer Mensch zu werden, und daß er nur unter dieser Voraussetzung, aber auch dann gewiß hoffen könne, was nicht

nicht in seinem Vermögen ist, werde ihm durch höhere Veranstaltung zu Theil werden. Wobey es gar nicht darauf ankömmt, zu wissen, *was Gott zu unserm Heil zu thun,* oder *bereits gethan habe;* desto mehr aber, *was wir thun sollen, und können, um uns seines Beystandes würdig zu machen.*

II.
Es ist in dem Menschen ein gutes Princip, das mit dem Bösen um die Herrschaft über den Menschen kæmpft.

§. 49.
Der *radikalen Bosheit*, als dem bösen Princip, steht *Heiligkeit,* das heisst,

heißt, die *moralische Vollkommenheit* der menschlichen Natur, die jeden Menschen durch die Anlage zum Guten *möglich*, und durch das Gesetz schlechthin *nothwendig* ist — in der Eigenschaft des *guten Princips* entgegen.

§. 50.

Dieses gute Princip ist ein *Ideal*, in wie ferne durch daſſelbe die Menschheit nicht wie sie ist, sondern *wie sie seyn soll*, vorgestellt, folglich der Mensch gedacht wird, in wie ferne er das Gesetz als die bestimmende Triebfeder in seine allgemeine Maxime aufnimmt, und daſſelbe in allen seinen besonderen Entschließungen befolgt.

§. 51.

§. 51.

Dieses Ideal ist in so ferne das *einzige in seiner Art*, als es für den Willen *objektive Realität* hat, *praktisch*, das heisst, durch das Sittengesetz *nothwendig* ist, und als jedem Menschen geboten ist, dasselbe in seiner eigenen Person zu realisiren; welches ihm auch und zwar in *objektiver Rücksicht* durch fortschreitende Annäherung ins Unendliche, in *subjektiver Rücksicht* aber dadurch, daſs er das Sittengesetz in seine höchste und allgemeinste Maxime aufnimmt, und dadurch die Gesinnung jenes Ideals annimmt, möglich ist.

§. 52.

Im *Verhältniſs auf die Gottheit*, muſs das praktische nothwendige *Ideal*

Ideal der Heiligkeit endlicher vernünftiger Wesen unter folgenden Bestimmungen gedacht werden:

a) *In Rücksicht auf seinen Ursprung*, als in Gott von Ewigkeit her vorhanden, nicht erschaffen, sondern gezeugt, und ausgehend vom wesentlichen Charakter der Gottheit, welcher nur als gränzenlose Moralität denkbar ist. — *Der eingebohrne Sohn Gottes.*

§. 53.

b) *In Rücksicht auf die Welt,* als der Endzweck der Schöpfung, folglich als das *Wort, das Werde!* durch welches alle anderen Dinge sind, und ohne das nichts existirt, was gemacht ist; — *der Abglanz*

glanz der göttlichen Herrlichkeit! — *In ihm hat Gott die Welt geliebt.*

§. 54.

c) *In Rückficht auf die menschliche Natur,* als etwas, wovon fie nicht Urheber ift, fondern das in ihr Platz genommen hat, ohne begreiflich zu werden, wie die menfchliche Natur für fie auch nur habe empfänglich feyn können; — als etwas, das *vom Himmel auf die Erde herabgekommen ift,* das die Menfchheit angenommen hat, *das Wort ift Fleifch geworden, und hat in uns gewohnt.* Und da die Heiligkeit urfprünglich nur der Charakter der Gottheit ift, fo wird durch die praktifche Nothwendigkeit diefer Heiligkeit im Menfchen

d die

die *Gottheit als herabsteigend* zum Menschen, im Stande der *Erniedrigung des Sohnes Gottes*, und sich mit derselben vereinigend, und der *Mensch zur Gottheit erhoben*, gedacht.

§. 55.

In dem praktischen nothwendigen Ideal der Heiligkeit lernen wir ferner das *Einzige*, was uns von der Gottheit zu wissen möglich und nothwendig ist, den *Willen Gottes* kennen; und durch die Erfüllung desselben Gott, auf die *einzig mögliche*, und *seiner würdige Art lieben*; und in so ferne *gelangt man nur durch den Sohn zum Vater.* *Niemand hat Gott gesehen, der eingebohrne Sohn, der in des Vaters Schoofs ist, der hat es uns verkündigt.*

§. 56.

§. 56.

Die *wirkliche Annehmung der Gesinnung* dieses Ideals, ist die *einzige Bedingung;* aber auch das *gewiße Mittel* Gott wohlgefällig zu seyn. *Denen, die ihn aufnahmen, gab er Macht, Kinder Gottes zu werden.*

§. 57.

Dieses Ideal, als *Vorbild unserer Nachahmung,* so wie es an einem von Bedürfnißen und Neigungen abhängigen Weltwesen möglich ist, können wir uns nicht anders als unter der *Idee* eines Menschen denken, der in Rücksicht auf das *physische* seiner Natur, eben so sehr *allen Menschen,* als in Rücksicht, auf das *moralische, der Gottheit* — verwandt ist. Er muſs daher allen

Bedürfnissen und Neigungen der Sinnlichkeit unterworfen, und — weil sich die *sittliche Kraft* in ihren *empirischen* Aeusserungen nur als kämpfend mit Hindernissen, und über dieselben obsiegend in ihrer ganzen Stärke zeigen kann; — so muss das *heilige Vorbild* durch die grössesten möglichen Anfechtungen geprüft, durch schmeichelnde Anlockungen versucht, und alle Leiden bis zum schmählichsten Tode für die Veredelung der Menschen, und selbst für das Wohl seiner Feinde übernehmend gedacht werden.

§. 58.

Die Ueberzeugung: dass das bisher entwickelte Ideal, *objektive Realität*

Realität habe, folglich in der menschlichen Natur wirklich vorhanden sey, ist der Glaube: *dass der Sohn Gottes die menschliche Natur angenommen habe.* Und die Ueberzeugung, dass die Annehmung der diesem Ideale angemessenen Gesinnung *praktisch nothwendig* sey, ist der *allein rechtfertigende und seligmachende Glaube an den Sohn Gottes.*

§. 59.

Wer also diesen *praktischen Glauben an den Sohn Gottes* hat, wer sich einer solchen moralischen Gesinnung bewufst ist, dass er glauben und auf sich gegründetes Vertrauen setzen kann, er würde unter ähnlichen Versuchungen und Leiden

Leiden'— so wie sie zum Probierstein jener Idee gemacht werden — dem Urbilde der Menschheit unwandelbar abhängig, und seinem Beyspiele in treuer Nachfolge ähnlich bleiben; — der, und auch nur der allein ist befugt, sich für denjenigen zu halten, der ein des göttlichen Wohlgefallens nicht unwürdiger Gegenstand ist.

§. 60.

Der *vollkommene* Mensch würde nun freilich durch den praktischen Glauben an den Sohn Gottes ganz gerecht und Gott gefällig seyn; wie kann aber *uns* dieser *praktische Glaube rechtfertigen*, die wir so *unvollkommen* sind? — wie kann eine Gerechtigkeit, so fern sie in einem

einem diesem praktischen Glauben völlig und ohne Fehl gemäsen Lebenswandel bestehen muste, auch die unsrige werden? — dieses sich begreiflich zu machen, scheinen dreierley Schwierigkeiten vorhanden zu seyn.

§. 61.

Die *erste* Schwierigkeit gegen die Realität eines solchen Glaubens, welcher den Menschen nur durch eine ununterbrochene Beobachtung des Gesetzes rechtfertiget, und selig macht, scheint darinn zu bestehen: Das Gesetz sagt: *seyd heilig,* — in eurem Lebenswandel — *wie euer Vater im Himmel heilig ist;* nun sind wir Menschen aber immer nur im *Fortschreiten* vom *mangelhaften*

gelhaften Guten zum Besserwerden, wenn wir auch das Sittengesetz in unsere höchste und allgemeinste Maxime aufgenommen, und dadurch die Gesinnung jenes praktisch nothwendigen Ideals angenommen haben. Wie sollte es also möglich seyn, daſs bey dem heiligen Gesetzgeber *diese gute Gesinnung* für die *unvollkommene That* gelten könne? —

§. 62.

Um diese Schwierigkeit aufzulösen, muſs man denken, daſs die *That* immer *mangelhaft* bleibt, weil sie von uns Menschen, die in den Begriffen des Verhältnisses der Ursache und Wirkung unvermeidlich auf Zeitbedingungen eingeschränkt sind,

sind, als ein immerwährendes *Fortschreiten* vom *mangelhaften Guten* zum *Bessern* geschätzt wird, so, daſs wir das Gute in der Erscheinung — d. i. *der That nach* — in uns jederzeit als für ein *heiliges Gesetz unzulänglich* ansehen müssen. Aber der *Herzenskündiger* sieht auf die *Gesinnung*, welche übersinnlich und die *Quelle* der That ist, die, als ein kontinuirliches Fortschreiten vom mangelhaften Guten zum Bessern ins Unendliche, in der *reinen intellektuellen Anschauung des Herzenskündigers*, auch der That und dem Lebenswandel nach, als ein *vollendetes Ganze*, und also auch als etwas Vollkommenes *beurtheilt* wird.

§. 63.

§. 63.

Der *praktische Glaube an den Sohn Gottes* begründet also die *Hofnung*, daß wir durch die Annehmung jener heiligen Gesinnung, auch bey der unvermeidlichen *Mangelhaftigkeit* unserer Thaten *in der Zeit*, gleichwohl, in Rücksicht auf den durch jene Gesinnung begründeten Fortschritt ins Unendliche, im Auge des Heiligen, als heilig befunden werden.

§. 64.

Die *zweite* Schwierigkeit gegen die vorgetragene Realität des rechtfertigenden und seligmachenden Glaubens, ist in folgender Frage enthalten: wie kann der Mensch von der *Beharrlichkeit* einer im Guten

Guten immer fortrückenden Gesinnung *versichert* werden? —

§. 65.

Das *alleinige Bewustseyn* von der *gegenwärtigen* lautern Gesinnung ist zu einer zuversichtlichen Ueberzeugung der Beharrlichkeit im Guten noch nicht hinlänglich; ja es könnte vielmehr zu einem *gefährlichen Selbstvertrauen* führen, wenn nicht noch die Wahrnehmung hinzukömmt, daß man seit der Epoche der angenommenen guten Grundsätze *wirklich einen bessern Lebenswandel* geführt hat. Erst diese Wahrnehmung giebt uns eine gegründete und vernünftige *Hofnung*, daß unsere Gesinnung von Grund aus gebeßert sey, und daß wir

wir durch die Annehmung dieser *heiligen Gesinnung* — in wie ferne sich die Aufrichtigkeit und Ernsthaftigkeit derselben durch wirklich gebesserten Lebenswandel bewährt, — von der *Güte Gottes* die zum Ausharren in derselben erforderlichen Mittel erwarten dürfen.

§. 66.

Die *dritte* und gröfste Schwierigkeit der Selbstrechtfertigung ist endlich diese: obgleich die angenommene Gesinnung, und der damit verbundene Lebenswandel noch so gut und beharrlich seyn mag; so hat der Mensch doch erst vom Bösen angefangen, und diefs ist eine Verschuldung, welche auszulöschen niemals möglich seyn kann.

kann. Denn daſs er nach der Beſſerung keine neuen Schulden mehr macht, kann er nicht dafür anſehen, als ob er dadurch die alten bezahlt habe. Eben ſo wenig kann er durch die Fortſetzung eines möglichſt guten Lebenswandels einen Ueberſchuſs herausbringen; denn es iſt ſchon an ſich jederzeit ſeine Pflicht, alles Gute zu thun, was in ſeinem Vermögen ſteht. Endlich kann dieſe Verſchuldung auch von keinem andern getilgt werden; denn ſie iſt keine *transmiſſible* Verbindlichkeit, die etwa, wie eine Geldſchuld, auf einen andern übertragen werden kann, ſondern es iſt die *allerperſönlichſte*, nämlich eine Sündenſchuld, die nur der Strafbare, nicht der

der Unschuldige, er mag auch noch so grofsmüthig seyn, sie für jenen übernehmen zu wollen, tragen kann.

§. 67.

Die Auflösung dieser Schwierigkeit beruht auf Folgendem: der höchsten Gerechtigkeit mufs ein Genüge geschehen, das Böse mufs bestraft werden. Aber diese Strafe erfolgt schon nothwendiger Weise aus der Sinnesänderung, als welche ein Ausgang vom Bösen, und ein Eintritt ins Gute, oder ein Ablegen und *Tödten* des *alten*, und ein Anziehen und *Auflegen des neuen* Menschen ist. Der Ausgang aus der verderbten Gesinnung in die gute ist — als das *Absterben des alten Menschen, Kreutzigung des Flei-*

Fleisches — an sich schon Aufopferung und Antretung einer langen Reihe von Uebeln des Lebens, die der neue gebesserte Mensch, blofs um des moralischen Guten willen übernimmt, die aber doch eigentlich einem Andern, nämlich dem Alten, welcher moralisch ein anderer ist, als Strafe gebührt. Und weil nun die Gesinnung des gebesserten Menschen dadurch ihre Aufrichtigkeit beweifst, dafs sie gerne alle Uebel und Leiden über sich nimmt, welche aus der Fortsetzung des guten Lebenswandels für den alten Menschen entspringen, so bekommt der Mensch dadurch die gewisse *Hofnung*, dafs durch die Annehmung jener heiligen Gesinnung, auch der Gerechtigkeit Gottes

tes für die — vor dieser Annehmung — zugezogene Verschuldung, Genüge geleistet werde.

§. 68.

Nach dieser *Deduction* der Idee einer *Rechtfertigung* des zwar verschuldeten, aber doch zu einer gottgefälligen Gesinnung übergegangenen Menschen, ist also die im Ideale des moralisch vollkommenen Menschen enthaltene *Gesinnung* (§. 57.) die *Bedingung unserer Heiligung, Stärkung im Guten* und *Rechtfertigung;* und die *Annehmung* jener Gesinnung, *begründet, beginnt* und *bewirkt* das unendliche Fortschreiten in der Besserung des Lebens. Also werden wir durch den *Sohn Gottes* (§. 52.) *geheili-*

geheiliget, begnadiget und *gerechtfertiget,* und er vertritt durch seine vollendete Heiligkeit die Stelle unserer jederzeit mangelhaften That (§. 63.), verbürgt uns den zur Beharrlichkeit erforderlichen Beystand (§. 65.) und erlöset uns von der Sündenschuld. (§. 67.)

§. 69.

Nach dieser Deduction wird auch ein Begriff von *Erlösung* und *stellvertretender Genugthuung* aufgestellt, in welchem die, in moralischer Rücksicht, nothwendig denkbare Befreyung von der einmal zugezogenen Verschuldung — die *Entsündigung* — wirklich gedacht, und zwar auf diejenige Weise gedacht wird, die sich mit der *moralischen lifchen Denkart* allein verträgt, nämlich, als eine Gunst, die sich nur in Rücksicht auf die durch Freyheit bewirkte, aufrichtige und ernsthafte Veränderung des Herzens erwarten läfst, deren Mangel alle *Expiationen*, sie mögen von büssender oder feyerlicher Art seyn, alle Anrufungen und Hochpreisungen, selbst des stellvertretenden Ideals der Heiligkeit u. d. gl. nicht ersetzen, noch, wenn diese da ist, ihre Gültigkeit vermehren können.

§. 70.

Nach dieser Deduction wird also einerseits *Trost* ertheilt; andererseits *strenge Selbstbeurtheilung* befördert, und fälschlich einwiegender Sicherheit vorgebeugt.

§. 71.

§. 71.

Die *heilige Schrift* der Christen trägt den Kampf des guten und bösen Princips gegeneinander in der Form einer Geschichte vor, sie stellt zwey, wie *Himmel* und *Hölle* einander entgegengesetzte Principien im Menschen, *als Personen* auſser ihm dar, die nicht bloſs ihre Macht gegeneinander versuchen, sondern auch ihre Ansprüche, gleichsam vor einem höchsten Richter durchs Recht geltend machen wollen.

§. 72.

Gemäſs dieser *historischen Darstellung* war der Mensch ursprünglich zum Eigenthümer aller Güter der Erde eingesetzt, doch sollte er sie nur als sein *Untereigenthum*, dominium utile, unter seinem Schöpfer und Herrn, als *Obereigenthümer* — dominus directus, besitzen. Zugleich wird ein böses Wesen aufgestellt, welches durch seinen Abfall alles Eigenthums, das es im Himmel besessen haben mochte, verlustig geworden, und sich nun ein anderes auf Erden erwerben will.

§. 73.

Da nun dem bösen Wesen, als einem Wesen höherer Art — als einem Geiste — irdische und körperliche Gegenstände keinen Genuſs gewähren können, so sucht er eine *Herrschaft über die Gemüther* dadurch zu erwerben, daſs er die

die Stammältern aller Menschen von ihrem Oberherrn abtrünnig, und ihm anhängig macht, wodurch es ihm gelingt, sich zum Obereigenthümer aller Güter der Erde, d. i. zum *Fürsten dieser Welt* aufzuwerfen. Hier war also dem guten Princip zum Trotz, ein Reich des Bösen errichtet, welchem alle von Adam, natürlicherweise abstammende Menschen, durch Annehmung desselben Gesinnung, durch Aufnehmung der sittlichen Verkehrtheit in ihre allgemeinste und oberste Maxime, sich selbst unterworfen haben.

§. 74.

Das gute Princip verwahrte sich wegen seines Rechtsanspruchs an an der Herrschaft über den Menschen durch Errichtung einer Regierungsform der *jüdischen Theokratie,* die bloſs auf öffentliche, alleinige Verehrung seines Namens angeordnet war. — Weil aber die Gemüther der Unterthanen in derselben für keine andere Triebfedern, als die *Güter dieser Welt* gestimmt blieben; dabey aber auch keiner andern *Gesetze* fähig waren, als solcher, welche theils *lästige Ceremonien* und *Gebräuche* auferlegten, theils zwar Sittliche, aber nur solche, wobey ein *äuſserer Zwang* statt fand, das Innere der moralischen Gesinnung aber gar nicht in Betracht kam; so that diese Anordnung dem Reiche der Finsterniſs keinen wesentlichen Abbruch.

§. 75.

§. 75.

Nun erschien in eben demselben Volke zu einer Zeit, da es zu einer *Revolution* reif war, auf einmal eine *Person*, deren Weisheit wie *vom Himmel herabgekommen* war, und die sich auch selbst, was ihre *Lehren* und *Beyspiel* betraf, zwar als *wahren Menschen*, aber doch als einen *Gesandten* solchen Ursprungs ankündigte, der in *ursprünglicher Unschuld* in dem Vertrage, den das übrige Menschengeschlecht durch seinen *Repräsentanten*, den *ersten Stammvater*, mit dem *bösen Princip* eingegangen, nicht mitbegriffen war, und an dem der *Fürst dieser Welt also keinen Theil hatte.* Hierdurch ward des letztern Herrschaft in Gefahr gesetzt.

§. 76.

Diefer both ihm alfo an, ihn zum *Lehnsträger feines ganzen Reichs zu machen*, wenn er ihm nur als Eigenthümer deffelben huldigen wollte. Da nun diefer Verfuch nicht gelang, fo entzog er nicht allein diefem Fremdling auf feinem Boden alles, was ihm fein Erdenleben angenehm machen konnte, fondern erregte gegen ihn alle Verfolgungen, wodurch böfe Menfchen es verbittern können — Leiden, die nur der Wohlgefinnte recht tief fühlt, — Verläumdung der lautern Abficht feiner Lehren; und verfolgte ihn bis zum fchmählichften Tode, ohne gleichwohl durch diefe Beftürmung feiner Standhaftigkeit und Freymüthigkeit in in Lehre und Beyspiel, für das Beste von lauter Unwürdigen im mindesten etwas gegen ihn auszurichten.

§. 77.

Dieser *Tod* war, als die höchste Stufe der Leiden eines Menschen, die *vollendete Darstellung des guten Princips*, nämlich der Menschheit in ihrer ganzen moralischen Vollkommenheit als *Vorbild der Nachahmung* für jedermann, das auch für die damalige, ja für jede Zeit vom gröſsten Einfluſs auf die menschlichen Gemüther seyn sollte, und kann; denn es läſst die Freyheit der Kinder des Himmels, und die Knechtschaft eines bloſsen Erdensohnes, im auffallendsten Contraste trafte fehen. — *Aber er kam in fein Eigenthum, und die Seinen nahmen ihn nicht auf; denen aber, die ihn aufnahmen, hat er Macht gegeben, Gottes Kinder zu heifsen,* d. i. durch fein Beyfpiel eröfnet er die Pforte der Freyheit für jedermann, die eben fo, wie er, allem dem abfterben wollen, was zum Nachtheil der Sittlichkeit, fie an das Erdenleben gefeffelt hält, und fammelt fich unter ihnen zum Eigenthum, und unter feine Herrfchaft, *ein Volk das fleifsig wäre in guten Werken,* indefs er die, die die moralifche Knechtfchaft vorziehen, der ihrigen überläfst.

§. 78.

Wenn man diefe lebhafte und wahrfcheinlich für ihre Zeit auch einzige

einzige *populäre* Vorstellungsart von ihrer mystischen Hülle entkleidet, so sieht man leicht, daß ihr *Geist* und *Vernunftsinn*, für *alle Welt*, zu *aller Zeit*, praktisch gültig und verbindlich gewesen, weil er jedem Menschen nahe genug liegt, um hierüber seine Pflicht zu erkennen. Dieser Sinn besteht aber darinn:

§. 79.

Das *Ideal der vollkommenen Menschheit* trägt der Mensch in sich, es ist für ihn Pflicht, daß er dasselbe, so viel an ihm ist, durch ächt sittliche Gesinnung auch an seinen Handlungen realisire. Dagegen wirket nicht die so oft beschuldigte Sinnlichkeit: — denn nach Glückseligkeit trachten, ist dem

dem Menschen nicht verwehrt; aber den Grundsätzen der Sittlichkeit soll es untergeordnet seyn. Durch eine gewisse selbstverschuldete *Verkehrtheit*, oder wie man jene *Bösartigkeit* nennen will, wodurch man die sittliche Ordnung der obersten Maxime umkehrt, unterwirft sich selbst der Mensch als Sklav des bösen Princips, und macht sich nothwendig zum Gegenstand des göttlichen Mißfallens. Wieder gut, und Gott wohlgefällig zu werden, das böse Princip in ihm zu überwältigen, und Heil zu finden, vermag er schlechterdings nur dadurch, daß er die *reine Idee des Sittlichvollkommenen*, ganz und innigst in seine Gesinnung aufnimmt, daß er *praktisch* an den *Sohn Gottes glaubt*.

§. 80.

§. 80.

Durch die Wirkung, die dieser *Glaube* aufs Gemüth thut, wird der Mensch überzeugt, daſs die *gefürchteten Mächte des Böſen* dagegen nichts ausrichten, — *die Pforten der Hölle sie nicht überwältigen;* — wenn er ihm nur kein anders Merkmal als das eines *wohlgeführten Lebenswandels* unterlegt. Wer aber den *Mangel dieſes Zutrauens* zu dem praktiſchen Glauben durch *Expiationen*, die keine Sinnesänderung vorausſetzen, oder durch vermeinte bloſs *paſsive innere Erleuchtung* zu ergänzen hoft, handelt *aberglaubiſch* oder *ſchwärmeriſch*, und wird von dem auf Selbſtthätigkeit gegründeten Guten immer entfernt gehalten.

§. 81.

§. 81.

Wer aber gar den Vorschriften der Pflicht, wie sie ursprünglich ins Herz des Menschen durch die Vernunft geschrieben sind, anders nicht hinreichende Authorität zugestehen will, als wenn sie noch dazu durch *Wunder beglaubiget* werden, der verräth einen sträflichen Grad *moralischen Unglaubens:* — *wenn ihr nicht Zeichen und Wunder sehet, so glaubt ihr nicht.* —

§. 82.

Indessen mag es doch der *gemeinen Denkungsart* der Menschen ganz angemessen seyn, dafs, wenn eine *Religion des blofsen Kultus* und der *Observanzen* ihr Ende erreicht, und dafür eine im *Geist der moralischen lifchen Gefinnung gegründete* eingeführt werden foll, die *Introduction* der letztern, in der *Gefchichte*, noch mit *Wundern begleitet*, und gleichfam ausgefchmückt werde, um die Endfchaft der erftern, die ohne Wunder gar keine Autorität gehabt haben würde, anzukündigen: ja auch wohl, dafs fie, als jetzt in Erfüllung gegangenes älteres *Vorbild* defsen, was in der letztern Endzweck der Vorfehung war, ausgelegt werde, um die Anhänger derfelben für die neue Revolution zu gewinnen.

§. 83.

Unter folchen Umftänden kann es auch nichts fruchten, jene Erzählungen oder Ausdeutungen jetzt *zu bestreiten*, da die *wahre Religion* einmal da ist, und sich nun fernerhin durch *Vernunftgründe* selbst erhalten kann. Es mag also seyn, dafs die *Person* des Lehrers der alleinigen, für alle Welt gültigen Religion, ein *Geheimnifs* sey; — dafs seine Erscheinung auf Erden, — seine Entrückung von derselben, — sein thatenvolles Leben und Leiden, lauter *Wunder* gewesen; ja! dafs sogar die *Geschichte*, die die Erzählung aller jener Wunder beglaubigen soll, selbst auch ein *Wunder* sey: so können wir sie sammt und sonders auf ihrem Werthe beruhen lassen, und müssen die *Hülle* noch ehren, welche gedient hat, eine Lehre in Gang zu bringen, deren Beglaubigung auf

auf einer Urkunde beruht, die unauslöschlich in jedes Menschen Seele aufbehalten ist, und keiner Wunder bedarf.

§. 84.

Nur sollen und dürfen wir es nicht zum Religionsstück machen, dafs das *Wissen, Glauben* und *Bekennen der Wunder*, für sich etwas sey, *wodurch* wir uns Gott gefällig machen können. Gegen dieses muſs mit aller Macht gestritten werden, weil es ein jeder Mensch kann, ohne deſshalb ein beſsrer Mensch zu seyn, oder es dadurch jemals zu werden.

III.

DIE GÆNZLICHE BESIEGUNG DES BÖSEN PRINCIPS IST NUR DURCH GRÜNDUNG EINES REICHS GOTTES AUF ERDEN MÖGLICH.

§. 85.

Obgleich von der *Herrschaft des bösen Princips befreyet*, bleibt ein jeder moralisch wohlgesinnter Mensch nichts destoweniger den *Angriffen* desselben noch immer ausgesetzt; und seine Freyheit zu behaupten, muſs er forthin immer zum *Kampfe* gerüstet bleiben. Da nun aber der Mensch in diesem gefahrvollen Zustande durch seine eigene Schuld ist; so ist er verbunden, soviel

soviel er vermag, wenigstens Kraft anzuwenden, um sich aus demselben herauszuarbeiten.

§. 86.

Wenn der Mensch sich nach den Ursachen und Umständen umsieht, die ihm diese Gefahr zuziehen, und auch in derselben erhalten; so bemerkt er bald, daß sie ihm nicht sowohl von seiner eigenen rohen Natur, so fern er abgesondert da ist, als vielmehr von *Menschen* kommen, *mit denen* er im Verhältnis oder *Verbindung* steht. Die eigentlich so zu benennenden Leidenschaften, welche so grose Verheerungen in seiner ursprünglich guten Anlage anrichten, finden nur in der *Gesellschaft* die reichhaltigste Nahrung.

§. 87.

Kann nun, bey so bewandten Umständen, kein Mittel ausgefunden werden, selbst die Gesellschaft zur *Bekämpfung des bösen Princips*, und *zum Siege* von dem guten Princip über das Böse zu benützen: so wird der einzelne Mensch bey aller Kraftanwendung, der Herrschaft des Bösen sich zu entziehen, unabläsig der *Gefahr* des *Rückfalls*, ausgesetzt seyn.

§. 88.

So viel wir einsehen, kann dieses Mittel einzig und allein darinn bestehen; dafs eine ganz eigentlich

lich auf die Verhütung des Bösen, und zur Beförderung des Guten im Menschen, abzweckende *Vereinigung*, als eine bestehende und sich immer ausbreitende, blofs auf die *Erhaltung der Moralität* angelegte *Gesellschaft* errichtet werde, welche mit vereinigten Kräften dem Bösen entgegenwirkte.

§. 89.

Die *Errichtung und Verbreitung* einer gesellschaftlichen Vereinigung, die unter den blofsen *Gesetzen der Tugend,* und lediglich zum Behuf der Erfüllung derselben bestehen, und die das *ganze menschliche Geschlecht* befasen soll, ist daher eine *pflichtmäfsige Aufgabe* für die Menschheit überhaupt, und

also

also auch für jeden einzelnen Menschen.

§. 90.

Eine Verbindung der Menschen, unter blofsen Tugendgesetzen, nach Vorschrift jener Idee, kann man eine *ethisch bürgerliche Gesellschaft* nennen; bürgerliche Gesellschaft, in wie ferne sie unter *öffentlichen* Gesetzen steht; *ethische* Gesellschaft, zum Unterschied von dem *rechtlich bürgerlichen, politischen Staat*, der durchgängig unter *Zwangsgesetzen* steht, und keinen andern *Zweck* hat, als die *Freyheit eines jeden* auf die *Bedingungen* einzuschränken, unter denen sie mit der *Freyheit aller* bestehen kann; indessen die *ethische* Gesellschaft nur

nur unter *zwangsfreyen* Gesetzen steht, und lediglich die *Bekämpfung des innerlichen Bösen,* und den Sieg des innerlichen Guten, — *moralische Besserung* — zum *Zweck* hat. Jene Vereinigung geht auf bloſse *Legalität,* diese auf *Moralität.*

§. 91.

Der Zustand der Gesellschaft, und jedes einzelnen Gliedes derselben, *auſserhalb* jenes ethischen Staates, ist der *ethische Naturstand;* ein Zustand der öffentlichen wechselseitigen, unaufhörlichen *Befehdung* des guten Princips durch das Böse, aus welchem der *natürliche Mensch* herauszugehen, und in den Zustand der ethischen Vereinigung einzutreten, zwar *verpflichtet* ist, aber

aber *nicht gezwungen* werden kann.

§. 92.

Der öffentliche Gesetzgeber im *politischbürgerlichen* gemeinen Wesen ist die sich zu einem Ganzen vereinigende *Menge selbst*, deren *allgemeiner Wille* einen gesetzlichen äußern Zwang errichtet. In einem *ethisch-gemeinen* Wesen aber, kann das *Volk*, als solches, *nicht* selbst für *gesetzgebend* angesehen werden, weil in einem solchen gemeinen Wesen *alle Gesetze* ganz eigentlich auf die *Beförderung der Moralität* der Handlungen gestellt sind, die etwas *Innerliches* ist, mithin unter *öffentlichen* menschlichen Gesetzen nicht stehen kann.

§. 93.

§. 93.

Da alſo hier das Volk nicht Geſetzgeber ſeyn kann, ſo muſs *ein anderer* angegeben werden, deſſen Geſetze aber auch nicht, als bloſs von *ſeinem Willen*, als *Obern*, urſprünglich ausgehend gedacht werden können; weil ſie alsdann keine *ethiſchen* Geſetze, und die ihnen gemäſse Pflicht, keine *freye Tugend*, ſondern *zwangsfähige Rechtspflicht* ſeyn würde.

§. 94.

Im *ethiſch-bürgerlichen gemeinen* Weſen kann alſo nur ein ſolcher, als *oberſter Geſetzgeber* gedacht werden, in Anſehung deſſen alle wahren *Pflichten*, mithin auch die *ethiſchen*, zugleich als *ſeine Gebote* vorgeſtellt

gestellt werden müsen; welcher daher auch ein *Herzenskündiger* seyn muss, um auch das Innerste der Gesinnungen eines jeden zu durchschauen, und jedem, was seine *Thaten werth* sind, zukommen lassen; Da nun dieses der Begrif von Gott als einem *moralischen Beherrscher der Welt ist*; so kann ein ethisch gemeines Wesen nur als ein *Volk Gottes* gedacht werden, das *fleißig wäre in guten Werken*, und das durch das Bestreben vereinigt wird: *daſs das Reich Gottes komme, und sein Wille auf Erden geschehe.*

§. 95.

Ein ethisches gemeines Wesen unter der göttlichen moralischen Gesetz-

Gesetzgebung ist eine *Kirche,* und zwar die *unsichtbare,* in wie ferne unter demselben das *Ideal* der ethischen Gesellschaft verstanden wird, das kein Gegenstand möglicher Erfahrung ist, und das jedem, von Menschen zu errichtenden ethischen Staate zum *Urbilde* dient. Die *sichtbare* ist die *wirkliche Vereinigung der Menschen* zu einem Ganzen, das mit jenem Ideal zusammenstimmt, und in so ferne die *wahre,* in wie fern dieselbe die *unsichtbare,* so weit es in der Erfahrung möglich ist, *darstellt.*

§. 96.

Die *besondern Kennzeichen* der wahren sichtbaren Kirche sind die
Kriterien

Kriterien ihrer Moralität als eines ethifchen Staates; folglich:

1) *Allgemeinheit,* und durch diefelbe numerifche Einheit; d. i. wenn fie fchon in zufällige Meinungen getheilt, und uneins ift, fo ift fie doch in Anfehung der wefentlichen Abficht auf folche Grundfätze errichtet, welche fie nothwendig zur allgemeinen Vereinigung in eine einzige Kirche führen müfsen.

2) *Heiligkeit,* d. i. Vereinigung unter keinen andern, als moralifchen Triebfedern.

3) *Freyheit* in Rückficht des innern Verhältnifses ihrer Glieder untereinander, als auch des äufsern

fern Verhältnisses der Kirche zur politischen Macht.

4) *Absolute Nothwendigkeit* ihrer *innern* Constitution, wobey doch vorbehalten bleibt, zufällige, bloſs die Administration derselben betreffende Anordnungen, — mit beständiger Rücksicht auf die Idee ihres Zwecks — abzuändern.

§. 97.

Durch diese Charaktere werden aus dem Wesen der *sichtbaren wahren* Kirche, 1) alle *Sektenspaltung,* 2) alle Unlauterkeit des Blödsinnes im *Aberglauben,* und des Wahnsinnes in der *Schwärmerey,* 3) aller *Despotismus* sowohl der einheimische der *Kirchenbeamten,* als auswärtige der *politischen Regenten;* 4) alle

4) alle bloß willkührliche, und in so fern veränderliche *Menschensatzung* ausgeschlossen.

§. 98.

Als *sichtbar* und *öffentlich* bedarf jede Kirche zu ihrer *äußern* Constitution *historischer* Thatsachen und *statutarischer Gesetze*. Die auf jene Thatsachen gegründete Ueberzeugung heißt *Kirchenglauben*, zum Unterschiede vom *Religionsglauben*, der reinmoralisch ist, und in wie ferne er aus reiner Vernunft entspringt, auch *Vernunftglaube* heißen kann.

§. 99.

Der *Kirchenglaube* bedarf zu seiner *Erhaltung, Ausbreitung* und Fort-

Fortpflanzung eines im öffentlichen Anfehen ftehenden *Buches*, das, in fo ferne, und fo weit als es moralifch-religiöfe Lehrfätze vorträgt, die *heilige Schrift* heifst.

§. 100.

Da aber das *Theoretifche* des Kirchenglaubens uns *moralifch* nicht intereffiren kann, wenn es nicht zur Erfüllung aller Menfchenpflichten, *als göttlicher Gebote* hinwirkt; und da aller *Gefchichtsglaube* ohne feine Beziehung auf den Moralifchen, tod an ihm felber, *tödtender Buchftabe* ift; fo kann jenes Buch, als heilige Schrift, nur den *reinen Religionsglauben* zum *höchften Ausleger haben*. Alle Schrift ift nur in fo ferne, von Gott eingegeben,

gegeben, als sie zur moralischen — *Lehre, Strafe* und *Besserung nützlich ist:* die Gesinnung und Denkart des reinen Religionsglaubens ist der *Geist Gottes, der in alle Wahrheit leitet,* und man kann in der Schrift nur in so ferne das *ewige Leben finden,* als sie von jenem Geiste zeuget.

§. 101.

Bey der *Deutung der Schriftstellen* zu einem Sinne, der mit den Principien der moralischen, das heist, einzig wahren Religion zusammenstimmt, mag die Auslegung nicht selten *gezwungen scheinen,* oft es auch wirklich seyn, und doch muss sie, wenn es nur *möglich* ist, dass dieser sie annimmt, einer solchen

chen *buchſtäblichen* vorgezogen werden, die entweder ſchlechterdings *nichts* für die *Moralität* in ſich enthält, oder ihren Triebfedern wohl gar *entgegen wirkt*.

§. 102.

Man kann auch dergleichen Auslegungen nicht der *Unredlichkeit* beſchuldigen, *vorausgeſetzt*, daſs man nicht behaupten will, der Sinn, den wir den heiligen Büchern geben, ſey von ihren Verfaſsern auch durchaus ſo beabſichtigt worden, ſondern dieſes dahin geſtellt ſeyn läſst, und nur die *Möglichkeit*, die Verfaſser derſelben ſo zu verſtehen, annimmt.

§. 103.

Aufser diefem *böchften Ausleger* bedarf der *Kirchenglaube* auch noch eines andern, der demfelben in praktifcher Rückficht untergeordnet ift, nämlich der *Schriftgelehrfamkeit*, theils um das *Anfehen* der Schrift durch die Deduction ihres Urfprungs, hiftorifch zu beglaubigen, theils aber auch, um dem kirchlichen gemeinen Wefen das *Verftändnifs* der Schrift durch folche gelehrte Auffchlüfse zu eröffnen, die aus der Grundfprache, in der fie verfafst ift, und aus dem Zuftande der Sitten, Meinungen, Gebräuche u.f.w. fowohl den Gleichzeitigen der Urkunde, als auch den, aus den Zeiten, in welchen gewiffe Auslegungen derfelben zu Symbolen

len des Volksglaubens geworden sind, geschöpft werden müssen.

§. 104.

Es tritt freilich noch ein dritter *Prätendent* zum Amte eines Auslegers auf, welcher weder Vernunft noch Gelehrsamkeit, sondern nur ein *inneres Gefühl* bedarf, um den *wahren Sinn* der Schrift, und zugleich ihren *göttlichen Ursprung* zu erkennen. Aber so wenig, wie aus irgend einem Gefühl, Erkenntniſs der Gesetze, und daſs diese moralisch sind, eben so wenig, und noch weniger, kann durch ein *Gefühl* das *sichere Merkmal* eines unmittelbaren göttlichen Einflusses gefolgert und ausgemittelt werden, weil zu derselben Wirkung

kung mehr als eine Urfache ftatt finden kann.

§. 105.

Indefsen kann man nicht in Abrede ziehen, dafs, wer der Lehre der *heiligen Schrift* folgt, und das thut, was fie vorfchreibt, allerdings finden werde, dafs fie *von Gott* fey, und dafs felbft der Antrieb zu guten Handlungen, und zur Rechtfchaffenheit im Lebenswandel, den der Menfch bey Lefung oder Anhörung derfelben fühlen mufs, ihn von ihrer *Göttlichkeit* überführen müfse. Aber diefer Antrieb ift nichts anders, als die *Wirkung des moralifchen Gefetzes*, welches ihn mit innigfter Achtung erfüllt, und darum auch als

als göttliches Gesetz angesehen zu werden verdient.

§. 106.

Also giebt es keine andere *äussere Norm* des Kirchenglaubens, als die *Schrift*; keinen andern Ausleger derselben, als *reinen Vernunftglauben* und *Schriftgelehrsamkeit*. Reiner *Vernunftglauben* ist der *authentische*, für alle Welt gültige, und *allein untrügliche*, Schriftgelehrsamkeit aber der *doctrinale Ausleger*, durch welchen der Kirchenglaube nur für gewisse Völker und Zeiten aufrecht erhalten werden kann.

§. 107.

Der *Kirchenglauben* ist einer Kirche als *Vehikel* des Religionsglaubens

glaubens *unentbehrlich*, und in so ferne *heilig*. Er ist aber nur in so ferne *reines* Vehikel des Religionsglaubens, als er *nicht nur* nichts enthält, was den *moralisch - religiösen Grundmaximen* zuwider ist, und auch nichts, was nicht auf die *Anerkennung* und *Verbreitung* derselben hinwirkt, *sondern auch* als er schon in seinen *Urkunden* — z. B. in der Moral des Evangeliums — ein *Princip* enthält, sich dem reinen Religionsglauben immermehr anzunähern, so fort sich selbst — als Mittel der *Introduction* des letztern, — entbehrlich zu machen, und den *Frohn-* und *Lohnglauben*, der immer mehr oder weniger der *statutarischen* Religion anhängt, durch die lautere

tere Gesinnung der moralischen zu verdrängen.

§. 108.

Der *allmählige Uebergang* des Kirchenglaubens zur Alleinherrschaft des Religionsglaubens, oder die fortschreitende Veredelung des Erstern durch den Letztern, ist daher die *Annäherung des Reichs Gottes,* welche durch die *Schriftgelehrten* nur alsdann nicht gehindert und gestört, sondern *befördert* wird, wenn dieselben die *Principien des reinen Religionsglaubens* nicht verkennen.

§. 109.

Ob nun zwar die *wirkliche Errichtung des Reiches Gottes auf Erden,*

den, noch in unabfehbarer Ferne von uns liegen mag: fo kann man fchon doch mit Grunde fagen: dafs das *Reich Gottes zu uns gekommen fey*, wenn nur das Princip des *allmähligen Uebergangs* vom blofsen Kirchenglauben zum Religionsglauben irgendwo *öffentlich* Wurzel gefafst hat. Denn, weil diefes Princip den Grund einer continuirlichen Annäherung enthält, fo liegt in ihm, als in einem fich entwickelnden, und in der Folge wiederum befaamenden Keime das Ganze, welches dereinft die Welt erleuchten und beherrfchen foll. Das Wahre und Gute aber, wozu in der Natur jedes Menfchen der Grund liegt, es zu erkennen, und an demfelben von Herzen

Herzen Antheil zu nehmen, ermangelt nicht, sich durchgängig mitzutheilen, wenn es einmal öffentlich geworden.

§. 110.

Das ist also die menschlichen Augen unbemerkte, aber beständig fortgehende Bearbeitung des guten Princips, sich im menschlichen Geschlecht, als einem gemeinen Wesen nach *Tugendgesetzen*, eine Macht und ein *Reich* zu errichten, welches den *Sieg über das Böse* behauptet, und unter seiner Herrschaft, der Welt einen *ewigen Frieden* zusichert.

§. 111.

Diese *philosophische* Erörterung über die *Natur* und den *Ursprung* des *Reiches Gottes auf Erden*, wird durch die folgende *historische* Darstellung der allmähligen Begründung und Einführung der *wahren Kirche* beleuchtet und bestätiget.

§. 112.

Die *sichtbare* wahre Kirche *beginnt* mit dem Zeitpunkte, wo der Kirchenglauben seine *Abhängigkeit vom Religionsglauben*, und die *Nothwendigkeit* seiner *Zusammenstimmung* mit ihm *öffentlich* anzuerkennen anfängt. Daher kann auch die *Geschichte der Religion* nur erst von jener Epoche ausgehen.

§. 113.

Man kann voraussehen, daſs diese Geschichte nichts, als die Erzäh-

Erzählung von dem beständigen *Kampf* zwischen dem *gottesdienstlichen* und dem *moralischen Religionsglauben* seyn werde, deren erstern, als *Geschichtsglauben*, der Mensch beständig geneigt ist oben an zu setzen, anstatt daſs der letztere seinen Anspruch auf den Vorzug, der ihm als allein seelenbesſernden Glauben zukommt, nie aufgegeben hat, und ihn endlich gewiſs behaupten wird.

§. 114.

Diese Geschichte kann aber nur *Einheit* haben, wenn sie bloſs auf *diejenige Kirche* eingeschränkt wird, in welcher die Frage wegen des *Unterschiedes* und des *Zusammenhangs* zwischen dem Religions-
und

und dem Kirchenglauben öffentlich aufgestellt, und zur moralischen Angelegenheit gemacht ist.

§. 115.

Da zeigt sich nun zuerst, daß diese Geschichte keineswegs mit dem *Iudenthume* beginnen darf, ob schon dieses unmittelbar dem Kirchenglauben, dessen Geschichte wir betrachten wollen, unmittelbar vorhergegangen, und zur Gründung desselben, die *physische* Veranlassung gab. Der *jüdische* Glauben ist seiner *innerlichen* Beschaffenheit nach durchaus nicht *kirchlich*, sondern lediglich *politisch* gewesen. Der Beweis davon beruhet auf folgenden Bemerkungen.

§. 116.

§. 116.

Erstlich, alle seine Gesetze waren *Zwangsgesetze*, die blofs *äufserliche* Handlungen betraffen. Und selbst die Vorschriften der *zehn Gebote*, die an sich, ohne dafs sie öffentlich gegeben seyn möchten, schon als ethische vor der Vernunft gelten, sind in *jener Gesetzgebung* nur auf die *äufsere Beobachtung*, keineswegs auf die *innere Gesinnung* gerichtet.

§. 117.

Alle *Folgen* aus der Erfüllung, oder Uebertrettung dieser Gebote, alle Belohnungen und Strafen sind im Iudenthume auf das *gegenwärtige* Leben eingeschränkt, und nicht einmal nach *sittlichen* Begriffen fest-

festgesetzt, indem sie sich auch auf eine *schuldlose* Nachkommenschaft erstrecken sollten, welches in einer *politischen Verfassung* allerdings wohl ein *Klugheitsmittel* seyn kann, sich Folgsamkeit zu verschaffen, in einer *ethischen* aber, aller *Billigkeit* zuwider seyn würde.

§. 118.

Drittens fehlt in dem Glaubensbekenntnisse des Iudenthums die Ueberzeugung nicht nur von der *Unsterblichkeit der Seele*, sondern selbst von dem *wahren Gotte*, bey dessen Bekenntniß es nicht sowohl auf die *Einheit* Gottes ankömmt, die man bey manchen, mehrere *Untergötter* neben einem einzigen höchsten Gott verehrenden Völkern

kern antrift; sondern vor allen darauf, dafs man sich unter der Gottheit den *moralischen Weltbeherrscher* denkt, dessen Willen nicht durch äufsere legale Handlungen, sondern nur durch moralische Gesinnung befolgt werden kann.

§. 119.

Viertens endlich ist es soweit gefehlt, dafs das Iudenthum eine zum Zustande der *allgemeinen* Kirche gehörige Epoche, oder diese allgemeine Kirche wohl gar selbst zu seiner Zeit ausgemacht habe, dafs es vielmehr das *ganze menschliche Geschlecht* von seiner Gemeinschaft *ausschlofs*, als ein besonderes, vom *Jehovah für sich erwähltes Volk*, welches alle andere Völker

Völker anfeindete, und dafür von jedem angefeindet wurde.

§. 120.

Daſs die jüdiſche Staatsverfaſſung *Theokratie*, oder vielmehr *Ariſtokratie der Prieſter* oder Anführer, die ſich unmittelbar von Gott ertheilter Inſtruction rühmten, zur Grundlage hatte, mithin der *Name* von Gott verehrt ward, macht ſie nicht zu einer *Religionsverfaſsung*. Denn Gott wurde hier bloſs als *weltlicher Regent* vorgeſtellt, der über, und an das Gewiſsen gar keinen Anſpruch thut.

§. 121.

In wie ferne das *Chriſtenthum*, in ſeiner urſprünglichen Anlage, die

die dem Iudenthume entgegengesetzten Charaktere aufzuweisen hat, in so ferne kömmt ihm der Rang des *allgemeinen, heiligen, freien, unveränderlichen* Kirchenglaubens zu, und die Geschichte des letztern muſs von dem Christenthume ausgehen.

§. 122.

Der *Stifter des Christenthums* erklärte auch wirklich den *Frohn-* und *Lohnglauben* an gottesdienstliche Gebräuche, Bekenntnisse, Tage u. s. w. für etwas *an sich nichtiges;* den *Glauben* hingegen, der sich lediglich durch *moralisches Betragen* äuſsert, und die Menschen der *Gesinnung nach heilig* macht, für den *allein seligmachenden* Glauben; und

bestätigte

bestätigte diese seine Lehre durch sein Beyspiel in Leben und Tod. Er führte also, der *Erste*, öffentlich den Kirchenglauben auf den Religionsglauben zurücke, und legte den Grund zur wahren Kirche, als dem *ethischen Staate* und dem *sichtbaren Reich Gottes auf Erden.*

§. 123.

Diese Lehre des Evangeliums, in so ferne sie blofs den *reinen Religionsglauben* enthält, bedarf eben so wenig irgend einer *historischen* Beglaubigung, als sie dieselbe zuläfst. Allein, wenn es etwa zum *Vehikel* jenes Glaubens, auch um einen *Geschichtsglauben*, wegen der Abkunft und des vielleicht überirdischen Ranges seines Urhebers, zu zu thun wäre, möchte sie wohl der *Bestätigung durch Wunder* nicht entbehren können. Daher werden auch der Lehre des Evangeliums in der heiligen Schrift noch *Wunder* und *Geheimnisse* beygesellt, deren Bekanntmachung selbst wieder ein Wunder ist, und einen *Geschichtsglauben* erfordert, der nicht anders, als durch *Gelehrsamkeit* sowohl beurkundet, als auch der Bedeutung und dem Sinne nach, gesichert werden kann.

§. 124.

Aller Glaube aber, der sich, als Geschichtsglaube, auf Bücher gründet, hat zu seiner Gewährleistung ein *gelehrtes Publikum* nöthig, in welchem derselbe durch *Schriftsteller*

steller, als *Zeitgenossen*, die in keinem Verdacht einer besondern Verabredung mit den erstern Verbreitern desselben stehen, und deren *Zusammenhang* mit den Schriftstellern unserer Zeit sich ununterbrochen erhalten hat, gleichsam *controllirt* werden könne.

§. 125.

Nun gab es im *römischen* Volke, welches die Iuden beherrschte, und auch selbst in dem Sitze derselben verbreitet war, zwar schon ein gelehrtes Publikum, von welchem aus die Geschichte der damaligen Zeit uns durch eine ununterbrochene Reihe von Schriftstellern überliefert ist; auch war dieses Volk, wenn es sich gleich um um den Religionsglauben seiner nicht römischen Unterthanen wenig bekümmerte, doch in Ansehung der unter ihm öffentlich geschehen seyn sollenden *Wunder* keineswegs *ungläubig;* allein es erwähnet, als Zeitgenosse, gleichwohl nichts von dem *ersten Anfange* des christlichen Kirchenglaubens und von den Begebenheiten, welche denselben begleitet haben.

§. 126.

Nur spät, nach mehr als einem Menschenalter, stellte es Nachforschungen wegen der *Beschaffenheit* dieser ihm bis dahin unbekannt gebliebenen Glaubensveränderung, keine aber wegen der *Geschichte* ihres ersten Anfangs an, um sie in ihren eigenen Annalen aufzusuchen. Von diesem an, bis auf die Zeit, da das Christenthum selbst in das gemeine Publikum eintrat, ist daher auch die Geschichte desselben so dunkel, daſs uns sogar unbekannt ist, welche Wirkung die Lehre des Stifters des Christenthums auf die Moralität seiner Religionsgenoſsen that; — ob die ersten Christen wirklich moralisch gebeſserte Menschen, oder aber Leute vom gewöhnlichen Schlage gewesen. — Von der letztern Epoche an aber gereicht ihm seine Geschichte keineswegs zur Empfehlung.

§. 127.
Denn da erblickt man — mystische *Schwärmereyen* im Eremiten- und

und Mönchsleben; — Hochpreisungen der Heiligkeit des *ehelosen* Standes, wodurch eine grofse Menge Menschen für die Welt unnütz wurde; — *vorgebliche* Wunder, die unter blindem Aberglauben das Volk drückten; — *Hierarchie* und *Orthodoxie*, die, wegen Glaubensmeinungen, die chriftliche Welt in erbitterte Partheyen trennte; — im *Orient* den Staat fich mit Glaubensftatuten der Priefter, und mit dem Pfaffenthum befafsen, wodurch er auswärtigen Feinden zur Beute werden mufste; — im *Occident* den angemafsten Statthalter Gottes, der bürgerliche Ordnung und Wiffenfchaften zertrümmerte, Könige, wie Kinder, züchtigte, zu Kreuzzügen, gegenfeitigen Befehdungen

dungen, zu Empörungen die Unterthanen gegen ihre Obrigkeit, und zum blutdürftigen Haſs gegen die anders denkenden Mitgenoſſen eines und deſſelben allgemeinen Chriſtenthums, aufreizte u. ſ. w.

§. 128.

Dieſe ſchauderhafte Geſchichte des Chriſtenthums, wenn man ſie als ein Gemählde unter einem Blick faſst, könnte wohl den Ausruf rechtfertigen: *tantum religio potuit ſuadere malorum!* — wenn nicht aus der *erſten* Stiftung deſſelben immer noch deutlich genug hervorleuchtete, daſs ſeine *wahre,* erſte *Abſicht,* keine andere als die geweſen ſey, einen *reinen Religionsglauben* einzuführen, über welchen

welchen es keine ſtreitenden Meinungen geben kann; alles jenes Gewühl aber, wodurch das menſchliche Geſchlecht zerrüttet ward, und noch entzweyt wird, bloſs davon herrühre, daſs durch einen ſchlimmen Hang der menſchlichen Natur, was beym Anfang zur *Introduktion* des Religionsglaubens dienen ſollte — nämlich die an den alten Geſchichtglauben gewöhnte Nation durch ihre eigenen Vorurtheile für die neue Religion zu gewinnen, — in der Folge zum *Fundament* einer allgemeinen Weltreligion gemacht wurde.

§. 129.

Fragt man nun: *welche Zeit* der ganzen bisher bekannten Kirchengeſchichte

geschichte die beste sey? — so ist kein Bedenken zu sagen: es ist die *jetzige,* und zwar so, daſs man den *Keim* des wahren Religionsglaubens, so wie er jetzt in der Christenheit zwar nur von einigen, aber doch öffentlich, gelegt worden, nur ungehindert sich mehr und mehr darf entwickeln laſsen, um davon eine *continuirliche Annäherung* zu derjenigen, alle Menschen auf immer vereinigenden, Kirche zu erwarten, die die *sichtbare* Vorstellung eines *unsichtbaren* Reichs Gottes auf Erden ausmacht.

§. 130.

Denn 1) ist die Frage über den *Unterschied* und den *Zusammenhang* zwischen

wischen Religionsglauben und Kirchenglauben noch nie so *laut* und so *bestimmt* zur Sprache gekommen als jetzt, da sich die Vernunft in Dingen, welche ihrer Natur nach moralisch und seelenbessernd seyn sollen, von der Last eines der Willkühr der Ausleger beständig ausgesetzten Glaubens, so sichtbar loszuwinden strebt.

§. 131.

2) Hat man in allen Ländern unsers Welttheils unter *wahren Religionsverehrern* allgemein, — wenn gleich nicht allenthalben öffentlich — den *Grundsatz der Bescheidenheit* im Urtheilen anzunehmen angefangen, der so wohl von *positiver Vertheidigung* alles dessen, was

was *Offenbarung* heifst, als auch vom *positiven Wegwerfen* deffelben gleich weit entfernt ift. Gemäfs diefem Grundfatz verbreitet fich die billige Denkungsart: a) dafs eine *Schrift*, die ihrem *praktischen Inhalte* nach lauter *Göttliches* enthält, auch wohl in Anfehung ihres *historischen* Theils wirklich als *göttliche Offenbarung* angefehen werden könne, weil doch niemand die *Möglichkeit* abftreiten kann: b) dafs, da die Verbindung der Menfchen zu einer Religion nicht füglich ohne ein *heiliges Buch*, und ohne einen *Kirchenglauben* zu ftande gebracht, und beharrlich gemacht werden könne, der auf daffelbe gegründet ift, es das *vernünftigste* und *billigste* fey, diefs Buch,

Buch, das einmal da ift, fernerhin zur *Grundlage* des Kirchenunterrichts zu gebrauchen, und feinen *Werth* nicht durch unnütze oder muthwillige Angriffe zu fchwächen; dabey aber auch keinem Menfchen den Glauben daran, als zur *Seligkeit erforderlich* aufzudringen.

§. 132.

Drittens endlich ift man jetzt auch in Stand gefetzt durch reine wiffenfchaftliche Refultate folgende Maxime des Religionsglaubens zu unterftützen und zu verbreiten: dafs diefer Glaube keine hiftorifche Begründung vertrage und bedürfe, und dafs das Wefen der Rechtgläubigkeit in der Ueberzeugung

gung bestehe: *dass das Rechthandeln allein unbedingten, das Glauben aber nur in so ferne Werth habe, als dasselbe mit jenem zusammenhängt.*

IV.
In der Kirche, als dem Bilde dieses Reichs, giebt es keinen andern wahren Dienst Gottes als einen sittlichen.

§. 133.

In einer Kirche ist *wahrer Dienst* Gottes anzutreffen, wenn durch die Anordnungen und Lehren, und überhaupt durch alles *Statutarische* in in derselben, *reine Religion der Vernunft* beabsichtigt und herbeygeführt wird; — *Afterdienst*, wenn in derselben die Anhänglichkeit an das *Statutarische*, als solches für *seligmachend*, und wohl gar die Maxime der Annäherung reiner Vernunftreligion, für verdammlich gehalten wird.

§. 134.

Religion — subjektiv betrachtet — ist die Erkenntniſs aller unserer Pflichten, *als göttlicher Gebote*; und diejenige Religion, in welcher ich vorher wissen muſs, daſs etwas Pflicht sey, um es für ein göttliches Gebot zu erkennen, heiſst die *natürliche*; dagegen diejenige, in der ich vorher wissen müſste,

müsste, dass etwas göttliches Gebot sey, um es für Pflicht zu erkennen, die *geoffenbarte* heisst.

§. 135.

Derjenige, der blofs die natürliche Religion für moralisch nothwendig, d. i. für Pflicht erklärt, kann *Rationalist* genennt werden. Verneint er die Wirklichkeit aller übernatürlichen Offenbarung, so heisst er *Naturalist*; läfst er nun diese zwar zu, behauptet aber, dafs sie zu kennen, und für wirklich anzunehmen, zur Religion nicht nothwendig erfordert werde; so würde er *reiner Rationalist* genennt werden können. Hält er aber den Glauben an dieselbe zur allgemeinen Religion für nothwendig

wendig, so würde er der *reine Supernaturalist* in Glaubenssachen heissen können.

§. 136.

Der *Rationalist* muss sich, vermöge dieses seines Titels, von selbst schon innerhalb den Schranken der menschlichen Einsicht halten. Daher wird er nie als Naturalist absprechen, und weder die *innere Möglichkeit* der Offenbarung überhaupt, noch die *Nothwendigkeit* einer Offenbarung, als eines göttlichen Mittels zur Introduction der wahren Religion bestreiten. Also kann die Streitfrage, die der *reine Rationalist* und der *Supernaturalist* in Glaubenssachen in Anspruch nehmen, nur dasjenige betreffen,

treffen, was der eine oder der andere, als zur alleinigen wahren Religion *nothwendig* und *hinlänglich* oder nur als *zufällig* an ihr annimmt.

§. 137.

In Rückficht auf diejenige Befchaffenheit, welche eine Religion der *äufsern Mittheilung* fähig macht, ift fie entweder die *natürliche*, von der, wenn fie einmal da ift, jedermann durch feine Vernunft überzeugt werden kann; oder eine *gelehrte*, von der man andere nur durch Gelehrfamkeit, in und durch welche fie geleitet werden müffen, überzeugen kann. Es kann demnach eine in diefem Sinne *natürliche Religion* gleichwohl auch
geoffen-

geoffenbart seyn, wenn sie so beschaffen ist, daß die Menschen, durch den bloßen Gebrauch ihrer Vernunft, auf sie von selbst hätten kommen *können* und *sollen*, ob sie zwar — ohne eine sie introducirende Offenbarung — nicht *so früh* oder in so *weiter Ausbreitung* auf dieselbe gekommen seyn würden.

§. 138.

Bey dieser *objektiv* natürlichen, *subjektiv* geoffenbarten Religion ist die *Offenbarung*, nach der einmal geschehenen Introduktion *entbehrlich*. Es könnte in der Folge allenfalls gänzlich in Vergessenheit kommen, daß eine solche übernatürliche Offenbarung je vorgegangen sey, ohne daß dabey jene

Religion doch das mindeſte, weder an ihrer *Faſslichkeit*, noch an *Gewiſsheit*, noch an ihrer *Kraft* über die Gemüther verlöre.

§. 139.

Mit der Religion aber, die ihrer *innern* Beſchaffenheit wegen nur als *geoffenbart* angeſehen werden kann, iſt es anders bewandt. Wenn ſie nicht in einer ganz *ſichern Tradition*, oder in *heiligen Büchern*, als Urkunden aufbehalten würde, ſo würde ſie aus der Welt verſchwinden, und es müſste entweder eine von Zeit zu Zeit öffentlich *wiederholte*, oder in jedem Menſchen *innerlich* eine continuirlich *fortdauernde* Offenbarung vorgehen, ohne welche die Ausbreitung

tung und Fortpflanzung eines solchen Glaubens nicht möglich seyn würde.

§. 140.

Aber *einem Theile nach* wenigstens muſs jede, selbst die geoffenbarte Religion, doch auch gewisse *Principien der natürlichen* enthalten. Denn Offenbarung kann zum Begriff einer Religion nur *durch die Vernunft* hinzugedacht werden; weil selbst der Begriff von Religion, als von einer Verbindlichkeit unter dem Willen des moralischen Gesetzgebers abgeleitet, ein *reiner Vernunftbegriff* ist. Also werden wir selbst eine geoffenbarte Religion *einerseits* noch als natürliche, *andererseits* aber als gelehrte

lehrte Religion betrachten, prüfen, und was, oder wie viel ihr von der einen oder andern Quelle zustehe, unterscheiden können.

§. 141.

In der *ersten* Eigenschaft muſs das *Christenthum* den *moralischen*, und eben darum jedermann faſslichen, von allen hiſtorischen Ueberzeugungsgründen unabhängigen *Glauben* enthalten. Der Stifter deſselben hat auch wirklich dieſen Glauben vorgetragen. Zum Beweis wollen wir einige Stellen aus den heiligen Urkunden ausheben.

§. 142.

Zuerſt ſagt er: *daſs nicht die Beobachtung äuſſerer bürgerlicher, oder ſtatuta-*

statutarischer Kirchenpflichten, sondern nur die reine moralische Herzensgesinnung die Menschen Gott wohlgefällig machen könne; — daſs Sünde in Gedanken vor Gott, der That gleich geachtet werde, und überhaupt *Heiligkeit das Ziel sey*, nach welchem der Mensch streben soll; — daſs im *Herzen hassen*, so viel als *tödten* sey; — daſs ein *dem Nächsten angethanes Unrecht* nur durch Genugthuung an ihm selbst, *nicht* durch *gottesdienstliche Handlungen* könne gut gemacht werden.

§. 143.

Im Punkte der *Wahrhaftigkeit* sagt er, daſs das bürgerliche Erpreſsungsmittel, *der Eid*, der *Achtung für die Wahrheit* selbst, Abbruch

bruch thue; daſs der natürliche, aber böſe *Hang des menſchlichen Herzens* ganz *umgekehrt* werden müſse; daſs das ſüſse Gefühl der *Rache*, in *Duldſamkeit*, und der *Haſs gegen Feinde* in *Wohlthätigkeit* übergehen müſse. Und ſo ſey er gemeint, dem *jüdiſchen Geſetze* völlig *Genüge* zu thun, wobey aber ſichtbarlich nicht *Schriftgelehrſamkeit*, ſondern *reine Vernunftreligion* die Auslegerin deſselben ſeyn muſs; denn nach den *Buchſtaben* genommen, erlaubte es gerade das Gegentheil von dieſem allen u. ſ. w.

§. 144.

Endlich fäſst er alle Pflichten in einer *allgemeinen* und *beſondern* Regel zuſammen: in der *allgemeinen:*

nen: thue deine Pflicht aus keiner andern Triebfeder, als der unmittelbaren Werthschätzung derselben, d. i. liebe Gott den Gesetzgeber aller Pflichten über alles; in der *besondern* Regel: liebe einen jeden, als dich selbst, d. i. befördere ihr Wohl aus unmittelbarem, nicht von eigennützigen Triebfedern abgeleitetem Wohlwollen, welche Gebote nicht bloſs Tugendgesetze, sondern Vorschriften der *Heiligkeit* sind, der wir nachstreben sollen, in Ansehung deren aber die bloſse Nachstrebung *Tugend* heiſst.

§. 145.

Diese den *Religionsglauben* unverkennbar ausdrückende und erweckende *Lehren* sind die *Kriterien,* welche der Stifter der erften wahren Kirche zur *Beglaubigung* feiner Würde, als *göttlicher Sendung* allein bedarf und zuläfst.

§. 146.

Die *Berufung* auf die *mofaifche Gefetzgebung* und Vorbildung läfst fich weder als Begründung, noch als Beftätigung jener durch fich felbft feftftehenden und einleuchtenden heiligen Wahrheiten, fondern nur als *Mittel der Introduktion* unter Menfchen denken, die blind und feft am Alten hiengen, und deren Köpfe, mit ftatutarifchen Glaubensfätzen angefüllt, für die Vernunftreligion beynahe unempfänglich geworden.

§. 147.

§. 147.

Um deswillen darf es auch niemand befremden, wenn er einen, den damaligen Vorurtheilen sich bequemenden Vortrag für die jetzige Zeit *räthselhaft*, und einer sorgfältigen Auslegung bedürftig findet: ob er zwar allerwärts eine Religionslehre durchscheinen läst, und zugleich öfters darauf ausdrücklich hinweiset, die jedem Menschen verständlich, und ohne allen Aufwand von Gelehrsamkeit überzeugend seyn muſs.

§. 148.

Als *gelehrte Religion* enthält das *Christenthum* Fakta, und statutarische Gesetze. In dieser Rücksicht ist aber daſselbe nicht *Religion*, sondern

sondern nur *Kirchenglaube;* und seine Facta, und statutarische Gesetze können nur in so ferne einen wahren, das ist, mit *Religion vereinbaren* Kirchenglauben ausmachen, als sie nicht nur dem Religionsglauben nicht widersprechen, sondern vielmehr ein *Princip der Zusammenstimmung* mit ihm enthalten, und, im Ganzen, die zu einem ethischen Staate unentbehrliche *sichtbare Darstellung* des *unsichtbaren Reichs Gottes* sind.

§. 149.

Jeder *Kirchenglaube* widerspricht dem *Religionsglauben,* wenn das *Historische* und Statutarische des Einen für den *Grund* des Andern angenommen, oder welches dasselbe

selbe heißt, an die Stelle des Andern gesetzt, folglich für das *Wesen der Religion* gehalten wird. Würde das *Christenthum* einen solchen Glauben enthalten, so müßte es nur für *Gelehrte allein* der Gegenstand eines nicht moralischen, sondern bloß *historischen Glaubens*, für die *Ungelehrten* aber, denen die Hülfsmittel der Geschichte, der Grundsprachen, der Kritik u. s. w. nicht zu Gebote stehen — eines auf bloße Authorität der Gelehrten angenommenen, und an sich selber völlig *blinden Glaubens* seyn und bleiben.

§. 150.

In dem *ächt christlichen* Kirchenglauben muß der *reine Vernunftglaub-*

glaube als das höchste gebiethende *Princip* anerkannt und geehrt, die *Lehre der Offenbarung* aber, worauf das *Aeufserliche* der Kirche gegründet ist, und welche der Gelehrsamkeit zur Auslegerin und Aufbewahrerin bedarf, muſs als bloſses, aber höchstschätzbares *Mittel*, um dem Religionsglauben äuſsere Darstellung, Faſslichkeit für den Unwissenden, Ausbreitung und Beharrlichkeit zu geben, geliebt und cultivirt werden.

§. 151.

Die Denkart, welche das *historische* und *statutarische* für das *Wesen* der Religion annimmt, heiſst *Religionswahn*, und die daraus entspringende vermeintliche Verehrung

rung Gottes *Afterdienſt* des Kirchenglaubens.

§. 152.

Der *ſubjektive* Grund dieſes *Religionswahnes* und *Afterdienſts* iſt der *Anthropomorphiſm*, d. i. die Vermenſchlichung Gottes, nach der wir uns einen Gott machen, wie wir ihn am leichteſten zu unſerm Vortheil gewinnen zu können glauben, um der beſchwerlichen und ununterbrochenen Bemühung, auf das Innerſte unſerer moraliſchen Geſinnung ſelbſt zu wirken, überhoben zu werden.

§. 153.

Die *Maxime*, die jener Denkart zum Grund liegt, iſt dieſe:
daſs

daſs man durch etwas *an ſich gleich-gültiges* — nicht ſittliches — das man in der *Abſicht*, Gott zu gefallen, unternimmt, *Gott dienen* könne. Hieher gehören die Selbſtpeinigungen, Büſsungen, Caſteyungen, Wahlfahrten u. d. m. die man um ſo mehr für gottgefällig anſicht, weil ſie in dem Verhältniſſe, als ſie durch keine Pflicht geboten, und an ſich völlig unnütz und beſchwerlich ſind, die *Abſicht*, Gott damit einen Dienſt zu leiſten, *ausdrücklicher* und *nachdrücklicher* ankündigen.

§. 154.

Hieher gehört auch der Wahn: daſs das *bloſse Glauben* an dasjenige, was Gott entweder zu unſerer

Beſſe-

Beſſerung, oder gar zu einer von derſelben unabhängigen Heiligung und Beſeeligung thun wolle und könne, *an ſich verdienſtlich* und *Gott woblgefällig* ſey. Dieſer Wahn führt zum *Selbſtbetrug* und *zur Heucheley*, eine Ueberzeugung vorzugeben, die man unmöglich jemand zu gefallen annehmen kann — und hat die *knechtiſche* Geſinnung zur Seite, ſich durch das Bekenntniſs und die Hochpreiſung eines göttlichen Stellvertreters, von dem Aufwand eigener Kräfte, zu einem guten Wandel *loszukaufen*.

§. 155.

Ueberhaupt: vom *Opfer der Lipen* an, welches dem Menſchen am wenigſten koſtet, bis zum *Opfer der*

der Naturgüter, die zum Vortheil der Menschen beſser hätten benutzt werden können, ja bis zur *Aufopferung ſeiner eigenen Perſon*, die er im Eremiten oder Mönchsſtande für die Welt verlohren macht, bringt der im Afterdienſt ſtehende Menſch Gott alles dar, nur nicht ſeine *moraliſche* Geſinnung. Und ſagt er: er brächte ihm auch *ſein Herz*, ſo verſteht er darunter nicht die Geſinnung eines ihm wohlgefälligen Lebenswandels, ſondern den *herzlichen Wunſch*, daſs jene Opfer, Gebete, Kaſteyungen, Tempelbeſuche u. ſ. w. für jene in Zahlung möge angenommen werden.

Natio gratis anhelans multa agendo nihil agens.

§. 156.

§. 156.

Ist man einmal zur Maxime eines vermeintlich Gott *für sich selbst wohlgefälligen*, ihn auch nöthigen Falls versöhnenden, aber nicht rein moralischen *Dienstes* übergegangen, so ist in der Art, ihm gleichsam *mechanisch* zu dienen, kein *wesentlicher* Unterschied, welcher der einen vor der andern einen Vorzug gebe. Sie sind alle dem Werth — oder vielmehr *Unwerth* — nach, einerley, und es ist blosse Ziererey, sich durch *feinere* Abweichung vom alleinigen intellectuellen Princip der ächten Gottesverehrung für *auserlesener* zu halten, als die, welche sich eine vorgeblich *gröbere* Herabsetzung zur Sinnlichkeit zu Schulden kommen

men lafsen. Denn es kömmt hier nicht sowohl auf den Unterfchied in der *äufsern Form*, fondern alles auf die Annehmung oder Verlaffung des alleinigen Princips an, Gott entweder nur durch *moralifche Gefinnung*, fo fern fie fich in Handlungen, als ihrer Erfcheinung, als lebendig darftellt, oder durch *frommes Spielwerk* und Nichtsthuerey wohlgefällig zu werden.

§. 157.

Der Wahn, durch andere Mittel, als durch fittliche Handlungen auf die Gefinnung Gottes wirken, und Gott zu einem übernatürlichen Beyftand beftimmen zu können, würde in fo ferne *Zaubern* heifsen müfsen, als derfelbe durch

natür-

natürliche Urſachen *übernatürliche* Wirkungen hervorzubringen ſtrebt. Weil aber dieſes Wort auch den Nebenbegriff einer Gemeinſchaft mit dem *böſen Geiſte* mit ſich führt; ſo kann er füglicher das *Fetiſchmachen* heiſsen.

§. 158.

Das *Pfaffenthum*, ein Regiment im Afterdienſt Gottes, iſt die Verfaſsung einer Kirche, in ſo ferne in derſelben jenes Fetiſchmachen für Religion gehalten und getrieben wird, welches immer da der Fall iſt, wo nicht Principien der Sittlichkeit, ſondern ſtatutariſche Gebote, Glaubensregeln und Obſervanzen die Grundlage und das Weſentliche ausmachen.

§. 159.

Nun giebt es zwar manche Kirchenformen, in denen das *Fetischmachen* so mannichfaltig, und so mechanisch ist, daſs es beynahe alle Moralität, mithin auch Religion zu verdrängen, und ihre Stelle vertreten zu sollen, scheint, und so ans Heidenthum sehr nahe angränzt; allein auf das *mehr oder weniger* kömmt es hier nicht eben an, wo der *Werth* oder *Unwerth* auf der Beschaffenheit des zu oberst verbindenden Princips beruht. Wenn dieses die gehorsame Unterwerfung unter eine Satzung, als *Frohndienst*, nicht aber die freye Huldigung auferlegt, die dem *moralischen Gesetze* zu oberst geleistet werden soll; so mögen der auferlegten

erlegten Obfervanzen noch fo wenig feyn; genug, wenn fie für *unbedingt nothwendig* erklärt werden, fo ift das immer ein *Fetifchglauben*, durch den die Menge regiert, und, durch den Gehorfam unter einer Kirche, ihrer *moralifchen Freyheit* beraubt wird.

§. 160.

Nun mag die *Verfaſsung* dieſer Hierarchie *monarchifch*, *ariſtokratifch* oder *demokratifch* feyn, fo betrift das nur die *Organiſation;* aber die *Conſtitution* derfelben ift, und bleibt doch unter allen diefen Formen, *defpotifch.* Denn wo Glaubensftatute zum *Conſtitutionalgeſetz* gezählt werden, da herrfcht ein *Clerus*, der der Vernunft, und felbft zuletzt der Schriftgelehrsamkeit gar wohl entbehren zu können glaubt, weil er, als einzig autorisirter Bewahrer und Ausleger des Willens des unsichtbaren Gesetzgebers, die Glaubensvorschrift *ausschließlich* zu verwalten die Autorität hat, und also, mit dieser Gewalt versehen, nicht überzeugen, sondern nur *befehlen* darf.

§. 161.

Weil nun außer diesem Clerus, alles übrige — selbst das Oberhaupt des politischen gemeinen Wesens nicht ausgenommen — *Laye* ist, so beherrscht die Kirche zuletzt den Staat, zwar nicht eben durch Gewalt, sondern durch Einfluß auf die Gemüther, und durch Vor-

Vorspiegelung des Nutzens, den der Staat vorgeblich aus einem unbedingten Gehorsam soll ziehen können, zu dem eine geistige Disciplin, selbst das Denken des Volks gewöhnt hat. Aber hierdurch untergräbt die *Gewöhnung* an *Heucheley* unvermerkt die *Redlichkeit* und *Treue* der Unterthanen, witzigt sie zum *Scheindienst* auch in bürgerlichen Pflichten ab, und bringt, wie alle fehlerhaft genommene Principien, gerade das Gegentheil von dem hervor, was beabsichtigt war.

§. 162.

Das alles ist aber die unvermeidliche *Folge* von der beym ersten Anblick unbedenklich scheinenden

nenden *Verſetzung der Principien* des allein ſeligmachenden Religionsglaubens, in dem es darauf ankam, welchen von beyden man die erſte Stelle, als oberſte Bedingung, einräumen ſollte.

§. 163.

In der Unterſcheidung des *Religionsglaubens* vom bloſsen *Kirchenglauben*, und in der Anerkennung, daſs der erſtere der oberſte Ausleger, und der einzige Zweck des letztern; und daſs das hiſtoriſche und ſtatutariſche lediglich als Mittel der Erweckung und Belebung der moraliſchen Geſinnung zur Religion gehören könne, beſteht die *Aufklärung in Religionsſachen.*

§. 164.

§. 164.

Es ist billig, es ist vernünftig, anzunehmen, daß nicht bloß "*Weise nach dem Fleisch,*" Gelehrte oder Vernünftler zu dieser Aufklärung, in Ansehung ihres *wahren Heils* berufen seyn werden; — denn dieses Glaubens soll das ganze menschliche Geschlecht fähig seyn — sondern "*was thöricht ist vor der Welt;*" selbst der Unwissende, oder an Begriffen Eingeschränkteste muß auf eine solche Belehrung und innere Ueberzeugung Anspruch machen können. Alle haben den Keim zu der moralischen Religion *in sich*, und in allen kann er durch eine sorgfältige und weise Pflege bis zum Gedeihen, und zur frohen Ueberzeugurg zeugung seines Daseyns gebracht und belebt werden. Denn der Erkenntnifsgrund derselben ist nicht nur so fest und unveränderlich, als das Wesen der Vernunft selbst, sondern auch so anschaulich und einleuchtend, als das Selbstbewufstseyn, welches der Mensch von seiner vernünftigen Natur hat.

V.
Ueber Geheimnisse.

§. 165.

In allen *Glaubensarten*, die sich auf *Religion* beziehen, stöfst das Nachforschen über ihre *innere* Beschaffenheit, unvermeidlich auf ein *Geheimnifs*, d. i. auf etwas Heiliges, dessen

deſſen Daſeyn zwar durch bloſse moraliſche Vernunft erkannt und mitgetheilt werden kann, und in ſo fern kein Geheimniſs iſt; aber die erſte Urſache von der Exiſtenz eines ſolchen heiligen Gegenſtandes, oder die Art und Weiſe, durch welche die Exiſtenz deſselben möglich wird, das iſt das Unerforſchliche und Geheimniſsvolle in ſolchen heiligen Gegenſtänden.

§. 166.

Da das *Praktiſche* der Religion lediglich in der Beobachtung der *Vorſchriften des Sittengeſetzes, als göttlicher Gebote,* beſtehen kann; ſo iſt dasjenige, was der Menſch, dem reinen Religionsglauben zu folge, zu thun hat, durchaus kein Gegen-

Gegenstand des Glaubens, sondern des eigentlichen Wissens. Da aber der Mensch, die mit der reinen moralischen Gesinnung unzertrennlich verbundene Idee des *höchsten Guts* nicht selbst realisiren kann, und gleichwohl darauf hinzuwirken, in sich Pflicht antrift; so findet er sich zum *Glauben* an die *Mitwirkung* oder *Veranstaltung* eines moralischen Weltbeherrschers hingezogen, für welchen aber *dasjenige*, was dieser moralische Weltbeherrscher allein zu unserer *Heiligung* und *Beseligung* thun kann, nur ein *Geheimniss der Religion*, Mysterium, ist.

§. 167.

Dem Bedürfnisse der praktischen Vernunft gemäß, ist die *Gott-*

Gottheit, im Verhältnifs des moralischen Weltbeherrschers, und zwar unter drey wesentlich verschiedenen Charakteren, Objekt des Glaubens 1) an den *moralischen Urheber* der physischen und moralischen Welt — *Schöpfer Himmels und der Erden* — als den *heiligen* Gesetzgeber; 2) an den *moralischen Erhalter* des menschlichen Geschlechts, als *gütigen* Regenten; 3) an den Verwalter der moralischen Gesetze, als *gerechten Richter*.

§. 168.

Diefer Glaube an eine folche dreifache Vorftellung von Gott enthält nun eigentlich kein Geheimnifs; denn es drückt keine phyfifch verfchiedene *Perfönlichkeit in Gott*, sondern bloſs deſsen Verhalten zu dem menſchlichen Geſchlechte aus; kann auch durch die bloſse Vernunft gar wohl erkannt werden, und wird in der Religion der meiſten geſitteten Völker angetroffen. Weil aber dieſer Glaube *zuerſt* in der chriſtlichen Glaubenslehre, und in derſelben allein der Welt *öffentlich* aufgeſtellt worden iſt; ſo kann man die Bekanntmachung deſselben wohl die *Offenbarung* desjenigen nennen, was für Menſchen durch ihre eigene Schuld bis dahin Geheimniſs war.

§. 169.

In ihr nämlich heiſst es erſtlich: man ſoll den *heiligen Geſetzgeber*

geber eben so wenig als *gnädig*, mithin nachsichtlich gegen die Schwäche der Menschen, denn als *despotisch*, bloſs nach seinem eigenen unbeschränkten Rechte, sondern nur in Rücksicht auf *Menschen* mögliche Heiligkeit *gesetzgebend* vorstellen. *Zweitens:* man muſs seine *Güte* nicht in einem *unbedingten,* sondern auf das *sittliche Verhalten eingeschränktem Wohlwollen* setzen, die das Unvermögen der Menschen nur jenem Verhalten gemäſs ergänzt. *Drittens:* muſs seine *Gerechtigkeit* weder als *gütig*, in wie ferne sie sich durch Wohlwollen bestechen lieſse; noch als *Strenge,* in wie ferne sie lediglich aufs Gesetz, und nicht auf die Schranken der menschlichen

lichen Natur fähe, gedacht werden.

§. 170.

Gott ist daher in einer *dreifach* verschiedenen moralischen Persönlichkeit — welche als *Glaubenssymbol* die ganze moralische Religion darstellt, und in welcher jene *drei specifisch verschiedenen* Qualitäten eben so wenig untereinander *identificirt*, vermengt und verwechselt, als sie *dreien verschiedenen* Wesen beygelegt werden dürfen — Objekt des reinen Religionsglaubens, der ohne jene dreifache Unterscheidung, nach dem Hange des Menschen, sich die Gottheit wie ein menschliches Oberhaupt zu denken, Gefahr laufen

laufen würde, in einen *anthropomorphistischen Frohnglauben* auszuarten.

§. 171.

Von diesem, durch das Sittengesetz ganz verständlichen Glauben, sind *drei Geheimnisse* unzertrennlich: das Geheimniſs der *Berufung*, der *Genugthuung* und der *Erwählung*.

§. 172.

1) DAS GEHEIMNISS DER BERUFUNG ZUR BÜRGERSCHAFT IN EINEM GÖTTLICHEN STAATE.

Wir können uns die allgemeine, unbedingte Unterwerfung des Menschen unter die *göttliche Gesetzgebung* nicht anders denken, als so fern wir uns zugleich als seine *Geschöpfe*

schöpfe ansehen. Der *Begriff von Schöpfung* läfst sich aber in so ferne nicht mit dem *Begriffe von moralischer Gesetzgebung* vereinigen, als wir einem *hervorgebrachten* Wesen keinen andern *innern Grund* seiner Handlungen beylegen können, als den, welchen die *hervorbringende Ursache* in dafselbe gelegt hat, durch welchen dann auch jede Handlung desselben bestimmt, mithin dieses Wesen selbst *nicht frey* seyn würde.

§. 173.

Also ist die göttliche, heilige, mithin blofs freye Wesen angehende Gesetzgebung nur in so ferne denkbar, als man jene freye Wesen als *bereits existirend* sich vorstellt,

ſtellt, welche nicht durch ihre *Naturabhängigkeit*, vermöge ihrer *Schöpfung*, ſondern durch eine bloſs moraliſche, nach *Geſetzen der Freiheit* mögliche Nöthigung, oder durch *Berufung zur Bürgerſchaft im göttlichen Staate* beſtimmt werden. So iſt die *Berufung* zu dieſem Zwecke moraliſch ganz klar; — die *Wirklichkeit* dieſer Berufung iſt uns durch das *Sittengeſetz geoffenbart*; für die *Spekulation* aber iſt die *Möglichkeit* ein undurchdringliches *Geheimniſs*.

§. 174.

2) Das Geheimniss der Genugthuung.

Der Begriff von der *Heiligkeit* läſst ſich mit dem Begriffe von der *Güte Gottes*, in Rückſicht auf die allen Menſchen nöthige *Vergebung der Sünde* nicht vereinigen. Denn durch die Umkehrung der allgemeinen böſen Maxime, oder durch das fortwährende *Anziehen des neuen Menſchen* thut der Sünder ſeiner Schuldigkeit für jetzt und für die Zukunft, keineswegs aber für das Vergangene, genüge.

§. 175.

Die Vergebung der Sünde muſs daher durch eine *ſtellvertretende Genugthuung* gedacht werden, wobey der Sünder dadurch entſündigt wird, daſs ihm das Verdienſt ſeiner gegenwärtigen und zukünftigen Geſinnung zur Tilgung der vorhergegangenen Schuld durch *Güte*

Güte zugerechnet, und dadurch dem *entsündigten neuen Menschen* vergönnt wird, für die *Schuld des Alten* der göttlichen Gerechtigkeit genug zu thun. Die *Möglichkeit* dieser Genugthuung anzunehmen, ist *praktisch nothwendig*. Sie ist in so ferne durch das *Sittengesetz geoffenbart*; bleibt aber für die *theoretische* Vernunft ein undurchdringliches *Geheimniſs*.

§. 176.

3) DAS GEHEIMNISS DER ERWÆHLUNG.

Wenn auch jene *stellvertretende* Genugthuung als *möglich* eingeräumt wird, so kann sie dem Menschen doch nur in so ferne zu gute kommen, als er sich durch *freye Aenderung seines Herzens* für dieselbe selbst *empfänglich* macht. Aber diefs läfst sich mit dem natürlichen *Hang zum Böfen* im Menschen durch keine Vernunfteinsicht vereinigen.

§. 177.

Da aber die freye Herzensänderung, trotz dem *radikalen Böfen* durchs Sittengesetz schlechthin geboten ist, folglich möglich seyn mufs; so mufs zum Behuf dieser Möglichkeit angenommen werden, dafs die Freiheit derer, welche wirklich ihr Herz ändern, dabey durch *Gott* auf eine Art *unterstützt werde*, die *weder der* Freiheit des Menschen, *noch* der Gerechtigkeit Gottes zu nahe tritt, aber uns schlech-

schlechterdings *unbegreiflich* ist. Eine *Gnadenwahl*, die jeder Mensch *hoffen* soll, so fern er redlich das seine thut, und welche ihm daher durch das *Sittengesetz geoffenbart* ist, ungeachtet sie für seine *theoretische Vernunft* ein undurchdringliches *Geheimniſs* bleibt.

§. 178.

Ueber diese *Geheimniſse* nun, so fern sie die moralische Lebensgeschichte jedes Menschen betreffen: *wie es* nämlich zugeht, daſs ein sittlich Gutes oder Böses überhaupt in der Welt sey, und wie aus dem letztern doch das erstere entspringe, und in irgend einem Menschen hergestellt werde; oder *warum,* wenn dieses an *einigen* geschieht,

schieht, *andere* doch davon ausgeschlofsen bleiben, — hat uns Gott *nichts offenbart,* und kann uns auch nichts offenbaren, weil wir es doch nicht verstehen würden. Ueber die *objektive Regel* unsers Verhaltens aber ist uns alles, was wir bedürfen, hinreichend offenbart, und diefe Offenbarung ist zugleich für jeden Menschen verständlich.

VI.
Ueber die Gnadenmittel.

§. 179.

Wenn man dasjenige, was der Menfch dem Sittengefetz zu folge thun foll, folglich auch thun kann, die

die *Natur im Menschen* nennt: so wird unter *Gnade* dasjenige verstanden, was nur durch die *Hülfe Gottes* möglich ist, die der Mensch in so ferne, als er das Seinige thut, erwarten darf.

§. 180.

Diesem Sinne zu folge ist und bleibt *die Gnade* ein *heiliges Geheimniſs*, von welchem uns nur im allgemeinen durch das Sittengesetz geoffenbart ist: daſs Gott dasjenige für unsere Besserung bewirken werde, was wir nach bestem Wissen und Gewissen nicht vermögen; wobey das, *was* Gott eigentlich thun werde, ewig verborgen bleiben muſs.

§. 181.

§. 181.

Daher wir uns auch von diesem Geheimniſs, als einem Heiligthume, in einer ehrerbietigen Entfernung halten ſollen, damit wir nicht in dem *Wahne*, ſelbſt Wunder zu thun, oder Wunder in uns wahrzunehmen, uns für allen Vernunftgebrauch untauglich machen, oder auch zur Trägheit einladen laſsen, das, was wir in uns ſelbſt ſuchen ſollten, von oben herab in paſſiver Muſſe zu erwarten.

§. 182.

Nun ſind Mittel alle Zwiſchenurſachen, die der Menſch in ſeiner Gewalt hat, um dadurch eine gewiſſe Abſicht zu bewirken; und da giebts, ſich die göttliche Gnade zuzu-

zuzuwenden, durchaus kein anders Mittel, aufser sich derselben *würdig machen*, das heifst, sich ernstlich bestreben, seine sittliche Beschaffenheit nach Möglichkeit zu befsern. Die Veranstaltungen durch an sich selbst gleichgültige, nicht sittliche Handlungen, Gott zu Gnaden zu bestimmen, oder die sogenannten *Gnadenmittel*, sind also etwas, sowohl dem *Begriff*, als der *Gesinnung* der Moralität *widersprechendes*.

§. 183.

Der wahre, *moralische Dienst Gottes* ist zwar, wie das *Reich Gottes*, unsichtbar, ein *Dienst der Herzen*, und kann nur in der Gesinnung der Beobachtung aller Pflichten,

ten, *als göttlicher Gebote,* und daher nicht in ausschließlich für Gott bestimmten, übrigens an sich *gleichgültigen Handlungen* bestehen. Allein das *Unsichtbare* bedarf für den Menschen einer *analogischen Darstellung* durch etwas Sichtbares, das, in wie ferne es als ein lediglich auf den innern Gottesdienst abzweckendes Mittel gebraucht wird, *äußerer Gottesdienst* heißen kann.

§. 184.

Solche *sinnliche* Mittel, oder, solche sinnliche Darstellungen des Sittlichguten, giebt es nun *viere*, welche von Alters her für sehr heilsam erfunden worden sind. Das erste ist: den innern Gottesdienst

dienst in uns selbst fest zu gründen, und die Gesinnung desselben wiederholentlich im Gemüthe zu erwecken, das *Privatgebet*. Das zweite ist: die äusere Ausbreitung desselben, durch öffentliche Zusammenkunft an dazu gesetzlich geweihten Tagen, um daselbst religiöse Lehren und Wünsche, und hiemit dergleichen Gesinnung laut werden zu lasen, und sie so durchgängig mitzutheilen, das *Kirchengeben*. Das dritte ist: die Fortpflanzung desselben auf die Nachkommenschaft, durch Aufnahme der neueintretenden Glieder in die Gemeinschaft des Glaubens, und durch Uebernehmung der Pflicht, den Neueintretenden zu belehren, in der christlichen Kirche

Kirche *die Taufe.* Das vierte ift: die Erhaltung diefer Gemeinfchaft durch eine wiederholte öffentliche Förmlichkeit, welche die Vereinigung diefer Glieder zu einem ethifchen Körper, und zwar nach dem Princip der Gleichheit ihrer Rechte unter fich, und des Antheils an allen Früchten des Moralifchguten, fortdauernd macht, *die Kommunion.*

§. 185.

1) Das *Beten*, als ein innerer förmlicher Gottesdienft, und darum als *Gnadenmittel gedacht*, ift ein *abergläubifcher Wahn* — ein *Fetifchmachen;* denn es ift ein blofs erklärtes Wünfchen gegen ein Wefen, das keiner Erklärung der innern

innern Gesinnung des Wünschenden bedarf; wodurch also nichts gethan, und also keine von den Pflichten, die uns als Gebote Gottes obliegen, ausgeübt, mithin Gott wirklich nicht gedient wird.

§. 186.

Der *Geist des Gebets*, der ohne Unterlaſs in uns ſtatt finden *kann* und *soll*, iſt ein herzlicher Wunſch, Gott in allem unſern Thun und Laſſen wohlgefällig zu ſeyn, d. i. die alle unſere Handlungen begleitende Geſinnung ſo zu betreiben, als ob ſie im Dienſte Gottes geſchehen. Dieſen Wunſch aber in Worte und Formeln einzukleiden, kann höchſtens nur den *Werth eines Mittels*, zu wiederholter

ter Belebung jener Gesinnung in uns selbst, bey sich führen; unmittelbar aber keine Beziehung aufs göttliche Wohlgefallen haben.

§. 187.

Da nun Menschen alles, was eigentlich nur auf ihre eigene moralische Besserung Beziehung hat, bey der Stimmung ihres Gemüthes zur Religion, gern in *Hofdienst* verwandeln, wo die Demüthigung und Lobpreisungen gemeiniglich. destoweniger moralisch empfunden werden, je mehr sie *wortreich* sind: so ist sehr nöthig, selbst bey der frühesten, mit Kindern angestellten Gebetsübung, sorgfältig einzuschärfen, daß die Rede hier nicht *an sich* etwas gelte,

gelte, sondern es nur um die Belebung der *Gesinnung* zu einem Gott wohlgefälligen Lebenswandel zu thun sey; wozu jene Rede nur ein *Mittel* für die Einbildungskraft ist.

§. 188.

2) Wenn man nun auch so das Kirchengehen an sich, als *Gnadenmittel* brauchen wollte, gleich als ob dadurch Gott unmittelbar gedient würde, und Gott mit Celebrirung dieser Feierlichkeit besondere Gnaden verbunden habe; so wäre dies ein *Wahn*, der zwar mit der Denkungsart eines guten *Bürgers* in einem *politischen* gemeinen Wesen und der äusern Anständigkeit gar wohl zusammenstimmt,

ſtimmt, zur Qualität deſſelben aber, als *Bürger* im *Reiche Gottes*, nicht allein nichts beyträgt, ſondern dieſe vielmehr verfälſcht, und den ſchlechten moraliſchen Gehalt ſeiner Geſinnung den Augen anderer, und ſelbſt ſeinen eigenen, durch einen betrüglichen Anſtrich zu verdecken dient.

§. 189.

In wie ferne aber das Kirchengehen, als *feyerlicher äuſserer Gottesdienſt* überhaupt, eine ſinnliche Darſtellung der Gemeinſchaft der Gläubigen iſt: in ſo ferne iſt es nicht allein ein für jeden Einzelnen, zu ſeiner Erbauung, anzupreiſendes *Mittel*, ſondern auch den Gläubigern, als Bürgern eines

nes hier auf Erden vorzustellenden göttlichen Staats, für das Ganze unmittelbar obliegende *Pflicht;* vorausgesetzt, daſs diese Kirche nicht Förmlichkeiten enthalte, die auf *Idololatrie* führen, und so das Gewissen beläſtigen können.

§. 190.

3) Die *Taufe,* die feyerliche Einweihung zur Kirchengemeinschaft, d. i. die erste Aufnahme zum Gliede einer Kirche, ist eine vielbedeutende *Feierlichkeit*, die dem Einzuweihenden, wenn er seinen Glauben selbst zu bekennen im Stande ist, oder den Zeugen, die seine Erziehung in demselben zu besorgen sich anheischig machen,

grofse Verbindlichkeit auferlegt, und auf etwas *Heiliges*, nämlich auf die Bildung eines Menschen zum Bürger in einem göttlichen Staate, abzweckt.

§. 191.

An und für sich selbst aber ist die Taufe keine *heilige* Handlung, durch welche Heiligkeit und Empfänglichkeit für die göttliche Gnade in dem Täufling, durch andere gewirkt würde, mithin kein *Gnadenmittel;* in so übergrofsem Ansehen es auch in der ersten griechischen Kirche war, alle Sünden auf einmal abwaschen zu können, wodurch dieser Wahn auch seine Verwandschaft mit einem fast mehr als heidnischen Aberglauben

glauben öffentlich an den Tag legte.

§. 192.

4) Die *Kommunion* ist die mehrmals wiederholte Feierlichkeit einer *Erneuerung*, *Fortdauer* und *Fortpflanzung* dieser Kirchengemeinschaft nach *Gesetzen der Gleichheit*, welche allenfalls nach dem Beyspiele des Stifters einer solchen Kirche, und zugleich *zu seinem Gedächtnisse*, durch die Förmlichkeit eines gemeinschaftlichen Genusses an derselben Tafel geschehen kann. Diese Feierlichkeit enthält etwas *Grosses* in sich, etwas, das die enge, eigenliebige und unverträgsame Denkungsart der Menschen, vornämlich in Religionssachen, zur

Idee einer *weltbürgerlichen moralischen Gemeinschaft* erweitert; und ist ein gutes *Mittel*, eine Gemeinde, zu der darunter vorgestellten sittlichen Gesinnung der *brüderlichen Liebe* zu beleben.

§. 193.

Aber zu rühmen, daſs Gott mit der Celebrirung dieser Feierlichkeit *besondere Gnaden* verbunden habe, und den Satz, daſs sie, die doch bloſs eine kirchliche Handlung ist, doch noch dazu ein Gnadenmittel sey, unter die *Glaubensartikel* aufzunehmen, ist ein *Wahn der Religion*, der nicht anders, als dem Geiste derselben gerade entgegen wirken kann.

§. 194.

§. 194.

Alle dergleichen erkünftelte Selbfttäufchungen in Religionsfachen, haben einen *gemeinfchaftlichen Grund*. Der Menfch wendet fich gewöhnlicher Weife, unter allen göttlichen moralifchen Eigenfchaften, der *Heiligkeit*, der *Gnade* und der *Gerechtigkeit*, unmittelbar an die *zweyte*, um fo die abfchreckende Bedingung zu umgehen, den Forderungen der Heiligkeit, als der erftern, gemäfs zu feyn.

§. 195.

Es ift mühfam, ein *guter Diener* zu feyn; denn da hört man nur immer von Pflichten fprechen: der Menfch möchte daher lieber ein

Favorit

Favorit seyn, wo ihm vieles nachgesehen, oder — wenn er gar zu gröblich gegen seine Pflicht verstoßen hat — alles durch *Vermittelung* irgend eines im höchsten Grade *Begünstigten* wiederum gut gemacht wird, indessen, daß er immer der *lose Knecht* bleibt, der er war. Er trägt also seinen Begriff von einem mächtigen Menschen, der Gnaden austheilt, auf die Gottheit über, und hoft, durch Unterthänigkeitsbezeugungen, alles bey ihr auszurichten, oder alles durch ihre Gnade zu erlangen.

§. 196.

Zu dem Ende befleißt er sich aller erdenklichen *Förmlichkeiten*, durch die angezeigt werden soll, wie

wie sehr er die göttlichen Gebote *verehre*, um nicht nöthig zu haben, sie *zu beobachten*, und, damit seine thatenlosen Wünsche auch zur Vergütung der Uebertretung derselben dienen mögen, ruft er: *Herr! Herr!* um nur nicht nöthig zu haben *den Willen des himmlischen Vaters zu thun.* Er macht sich also von den Feierlichkeiten, die blofs als *Mittel zur Belebung* wahrhaft praktischer Gesinnungen dienen sollen, einen Begriff, als von *Gnadenmitteln an sich selbst;* giebt sogar den *Glauben*, dafs sie es sind, selbst für ein *wesentliches Stück* der Religion aus, und überläfst es der allgütigen Vorsorge, einen befsern Menschen aus ihm zu machen.

§. 197.

§. 197.

Wenn nun aber der Wahn eines solchen vermeinten Himmelsgünstlinges, bis zur fchwärmerifchen Einbildung gefühlter befonderer *Gnadenwirkungen* fteigt; fo eckelt ihm die Tugend an, und wird ihm ein Gegenftand der Verachtung. Es ift daher kein Wunder, wenn man öffentlich klagt, dafs die Religion noch immer fo wenig zur Befserung des Menfchen beytrage; und dafs das innere *Licht diefer Begnadigten* nicht auch äufserlich durch *gute Werke leuchten will;* da man diefs doch vorzüglich von ihnen mehr als von andern *natürlich ehrlichen* Menfchen, fordern könnte, die die *Religion* nicht zur *Erfetzung* fondern zur *Beförderung der Tu-*

gendgesinnung, kurz und gut, in sich aufnehmen, wodurch sie in einem guten Lebenswandel thätig erscheint.

§. 198.

Der *Lehrer des Evangeliums* hat gleichwohl diese äusere Beweisthümer äuserer Erfahrung selbst zum *Probierstein* an die Hand gegeben, woran, als *an ihren Früchten*, man sie, und ein jeder sich selbst *erkennen kann*. Noch aber hat man nicht gesehen: daſs jene, ihrer Meynung nach auserordentlich Begünstigten — *Auserwählten* — es dem natürlich ehrlichen Manne, auf den man im Umgange, in Geschäften, und in Nöthen vertrauen kann, im mindesten zuvor thäten, daſs

daſs ſie vielmehr im Ganzen genommen, die Vergleichung mit dieſem kaum aushalten dürften; zum Beweiſe, daſs es nicht der rechte Weg ſey, *von der Begnadigung zur Tugend; ſondern vielmehr, von der Tugend zur Begnadigung fortzuſchreiten.*

www.ingramcontent.com/pod-product-compliance
Lightning Source LLC
Chambersburg PA
CBHW020828190426
43197CB00037B/729